빛깔있는 책들 103-44

수덕사

글/고영섭, 윤희상, 유마리 ●사진/박보하

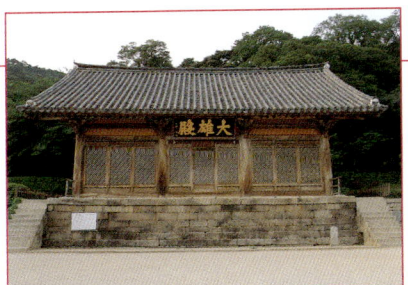

대원사

고영섭(연혁) ────────
시인. 경북 상주 출생으로 동국대학교 불교학과를 졸업하고 동대학원 석·박사 과정을 졸업하였다(불교학 전공). 현재 한국불학연구소 연구실장으로 동국대·한림대·강원대에 출강하고 있다. 저서로는 『석굴암 관세음을 기리는 노래』, 『원효, 한국 사상의 새벽』, 『몸이라는 화두』, 『새천년에 부르는 석굴암 관세음』 등이 있다.

윤희상(건축) ────────
홍익대학교 건축학과를 졸업하고 동대학원 석·박사 과정을 졸업하였다(한국건축사 전공). 국립문화재연구소 연구원을 역임하였고, 목원대·남서울대·경원대·홍익대에서 한국건축사를 강의하였다. 현재 신흥대학 건축설계학과 교수이며 경기도 문화재전문위원, 한국건축역사학회 회원이다. 주요 논문으로는 「9세기 목조 건축의 기법 연구」, 「한국 중세 목조 건축 기법에 관한 연구」 등이 있으며, 저서로 『한국 미술 문화의 이해』(공저)가 있다.

유마리(유물) ────────
홍익대학교 대학원에서 석사 과정을 마친 뒤, 동국대학교 대학원과 파리 4(소르본느)대학에서 박사 과정을 졸업하였다(동양미술사 전공, 문학박사). 파리 기메국립동양박물관에 파견되어 근무하였으며, 국립중앙박물관, 국립문화재연구소 미술공예실을 거쳐 현재 문화재청 연구관으로 재직중이다. 논문으로는 「일본에 있는 한국 불화 조사 - 쿄토·나라 지방을 중심으로」, 「조선 후기 서울·경기 지역 괘불탱화의 고찰」 등이 있으며, 저서로는 『조선조의 탱화』, 『조선조 아미타불화의 연구』, 『고려시대 오백나한도의 연구』 등 다수가 있다.

박보하(사진) ────────
경남 거창에서 태어났으며 네 번의 개인전과 다수의 단체전을 가졌다. 1993년 월간 『사진예술』에서 주최하는 올해의 사진가상을 수상하였고 1994년에는 『Korean Culuture』로 한국일보 출판문화상 사진예술상을 수상하였다. 현재 한국의 전통 문화를 주제로 한 사진들을 주로 촬영하고 있으며, 사진집으로 『산사의 미를 찾아서』가 있다.

수덕사

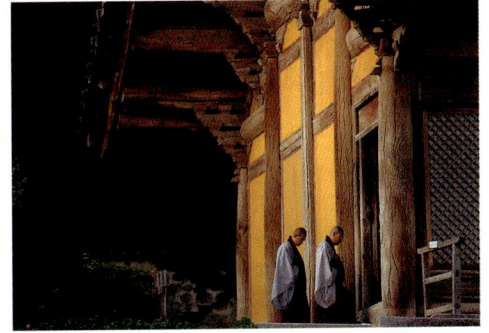

수덕사

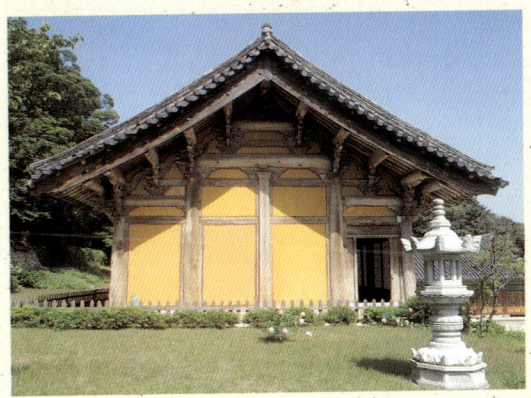

선의 으뜸 사찰, 수덕사

선(禪)이란 마음을 한 곳에 모아 고요한 경지에 들어 자기의 본래 모습을 찾는 방법이다. 조용히 앉아 좋고 나쁨을 생각하지 않고, 옳고 그름에 관계하지 않고, 있고 없음에 간섭하지 않아서 마음을 안락 자재한 경계에 거닐게 하는 것이다. 다시 말해서 진정한 이치를 사유하고 생각을 고요히 하여, 흩어지거나 어지럽게 하지 않는 것이 곧 선이다.

선은 붓다의 마음이요, 교는 붓다의 말씀이다. 붓다의 마음인 선은

자신의 마음을 가리켜 直指人心
자신의 성품을 보고 부처가 되며 見性成佛
문자를 세우지 않고 不立文字
문자 밖의 소식을 따로 전하는 敎外別傳

것을 지침으로 삼는다. 그리하여 '자기 마음이 곧 부처[卽心卽佛]'임을 일깨우는 수행법이다.

대신심(大信心)과 대의심(大疑心)과 대분심(大忿心)으로 무장하여 성성(惺惺, 활짝 깸)하고 적적(寂寂, 고요함)하게 화두를 들고 참구(參

究, 참선을 통하여 진리를 구함)하는 것이 선법이다. 이러한 수행법을 통해 자신을 찾아가는 것을 이끌어 주는 곳이 바로 선찰(禪刹)이다.

선의 으뜸 사찰[禪之宗刹]임을 내세우는 수덕사(修德寺)의 가풍은 이러한 선법을 사찰의 정체성으로 삼는다. 경허에서 만공으로 이어지는 이 절의 가풍은 참선(參禪)에서 비롯되어 견성(見性)에서 맺어진다. 이러한 뜻은 '수덕'이라는 절 이름뿐만 아니라 '정혜(定慧)' 또는 '견성'이라는 사암의 이름에도 담겨 있다.

수덕사! 이 절 이름은 예사 명칭이 아니다. 이름 그대로 배움과 덕성을 닦는 도량이다. 공부하는 스님들의 경전 독송이 낭랑하게 들리고 높고 깊은 경론(經論)을 강학(講學)하는 수행처이다. 그래서 백제시대 창사 이래로 절 이름을 그대로 고수해 오고 있는 수덕사는 수행과 분리될 수 없는 절이다. 이러한 절 이름 속에서 한국 근대의 고승인 경허 성우와 만공 월면 등의 출현이 예견되었던 것이리라.

한국 근대 선의 여명을 밝힌 선의 종찰 수덕사. 종합수도장 덕숭총림(德崇叢林)은 현대 선의 종찰로도 이름이 드높다.

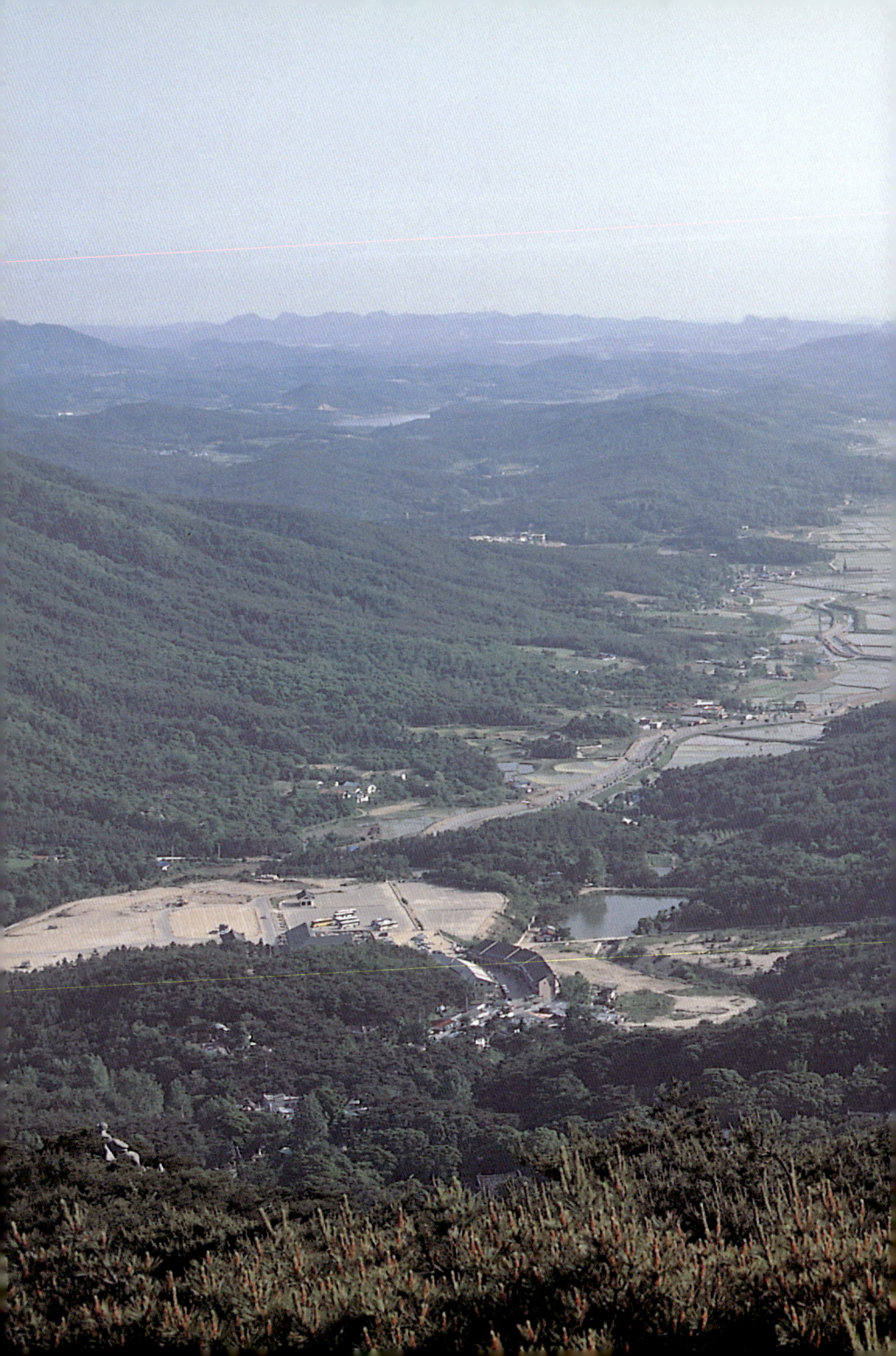

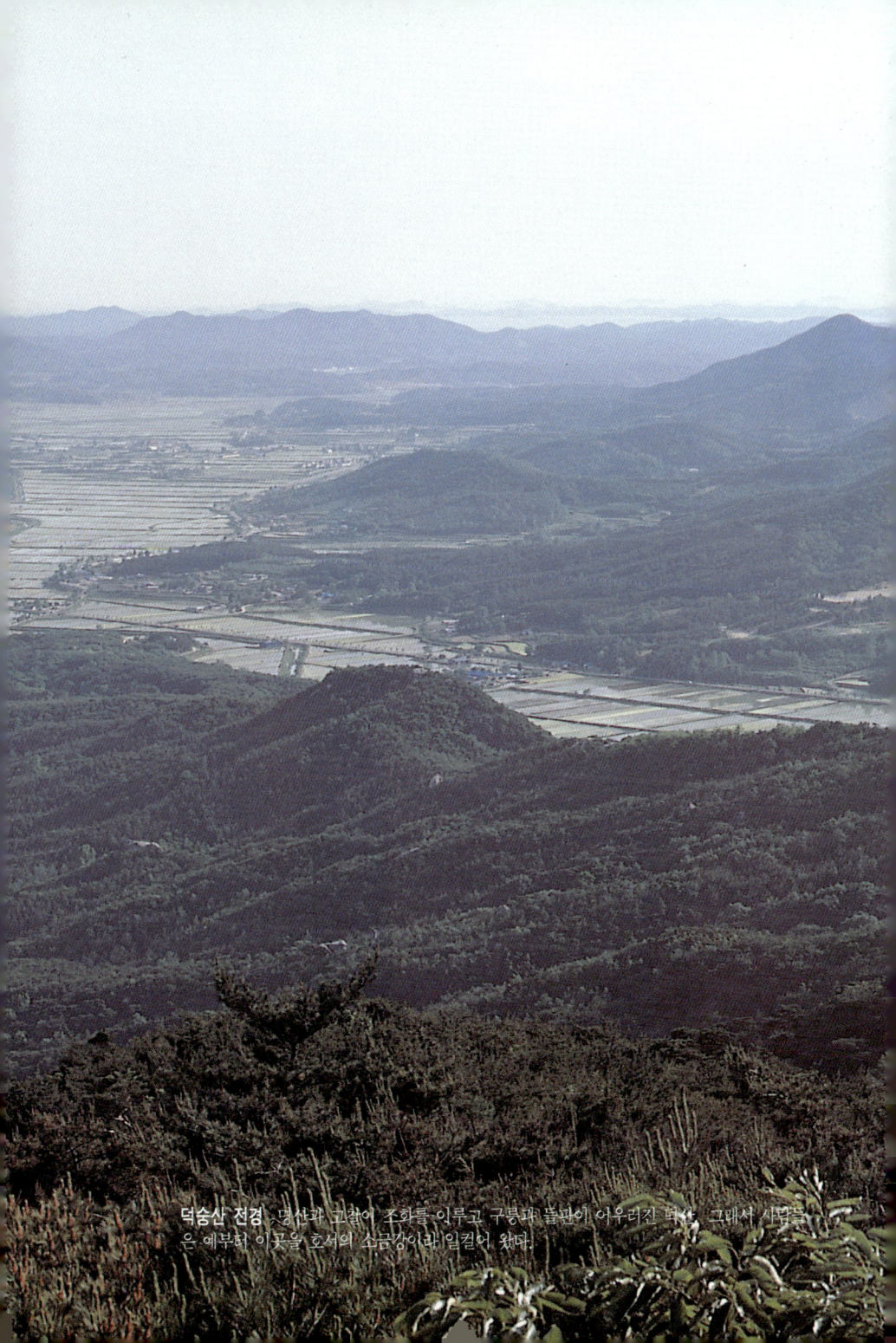

덕숭산 전경 명산과 고찰이 조화를 이루고 구릉과 들판이 어우러진 터라. 그래서 사람들은 예부터 이곳을 호서의 소금강이라 일컬어 왔다.

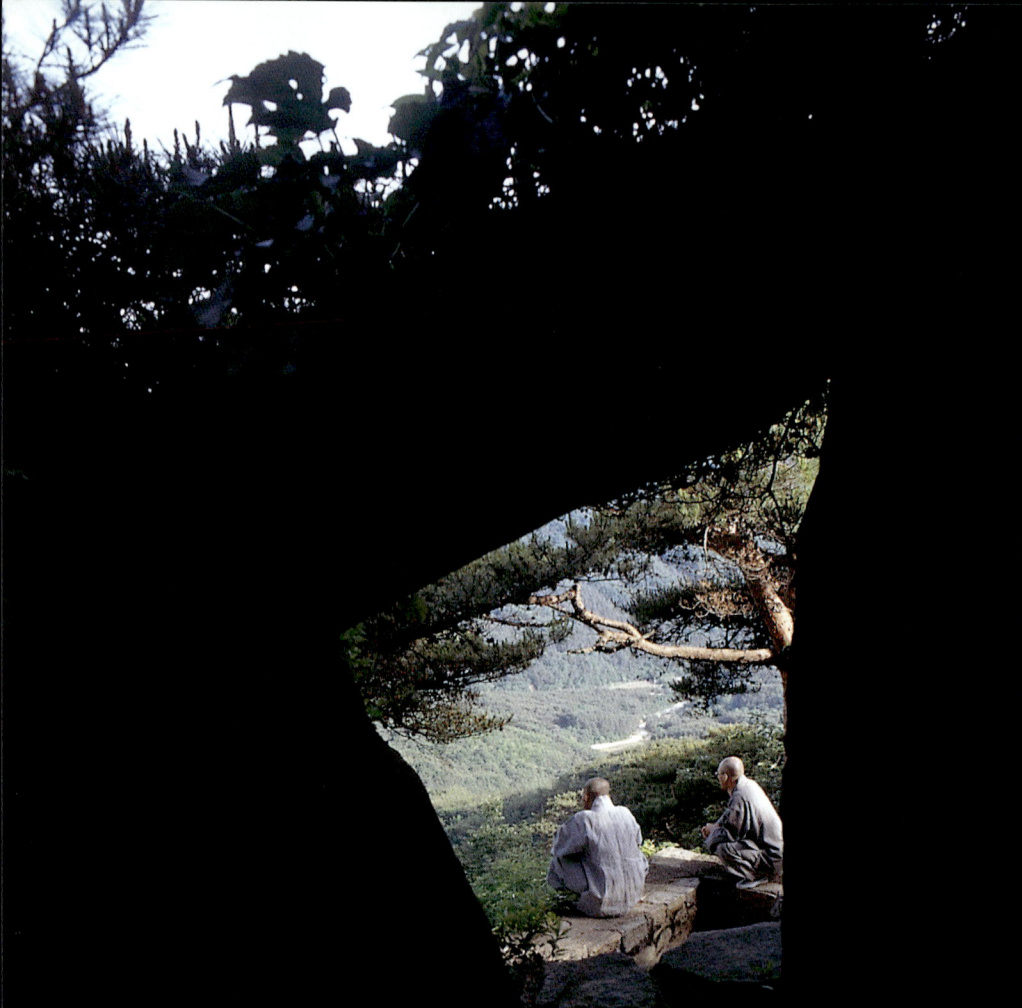

연혁

창사의 정신

덕을 받드는 산

우리나라 산 어느 곳이나 절이 있다. 산은 절이 있어 온전한 산이 되고 절은 산에 있어 온전한 절이 된다. 그래서 절이 없는 산은 산 맛이 나지 않는다. 인간이 빚어낸 문명과 조화가 없어서이다. 산에서 벗어난 절 또한 절 맛이 나지 않는다. 자연과 조화를 이루지 못해서이다. 때문에 절과 산은 우리의 삶에 있어서 필요 충분 조건이 된다.

우리나라 삼천리 강산에는 문명의 정화(精華)인 고찰(古刹)과 자연의 진수(眞髓)인 명산(名山)이 어우러져 있다. 한국미의 본질이 천지인(天地人) 삼재(三才)의 균형과 조화에 있듯이 이 천지인이 깃들어 있는 명산과 고찰의 만남 속에 비로소 우리 인간들의 심신을 정화해 주는 새로운 공간이 생겨난다. 더구나 그 공간이 학덕을 닦는 도량(道場)일 때는 무엇을 더 말할 수 있겠는가.

중국의 사서인 『북사(北史)』와 『주서(周書)』 그리고 『수서(隋書)』 등에는 백제에 '승려와 절과 탑이 매우 많았다(僧尼寺塔甚多)'는 기록이

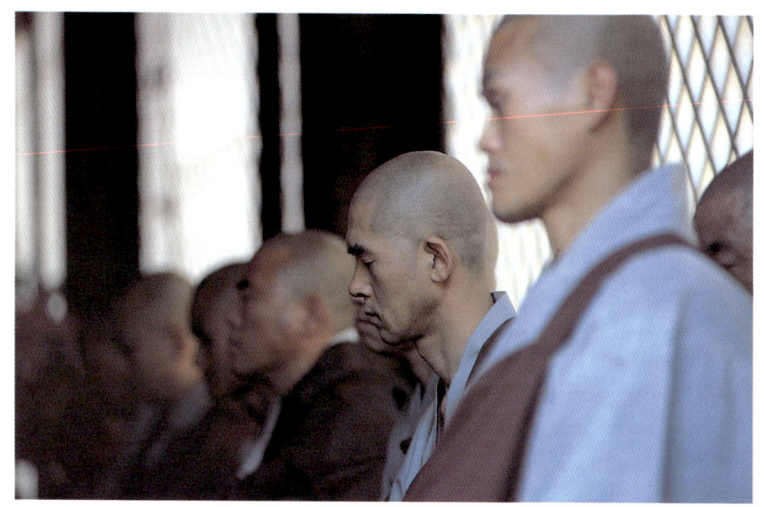

수도정진하고 있는 스님들 선지종찰 수덕사에는 오늘도 경허선사와 만공선사로부터 이어지는 법자, 법손들이 머물며 수도정진하고 있다.

보인다. 그러나 '도교를 받드는 이는 없었다(而無道士)'고 전한다. 도교를 받드는 사람이 없었다는 것은 백성 대부분이 불교도였다는 사실을 입증한다. 또 승려가 많고 절과 탑이 많았다는 것은 불교가 융성하였음을 알려 주는 것이다.

우리나라 역사서에 등장하는 백제의 사찰은 대략 열두 개 정도이다. 홍륜사(興輪寺), 왕홍사(王興寺), 칠악사(漆岳寺), 수덕사, 사자사(師子寺), 미륵사(彌勒寺), 제석정사(帝釋精舍), 호암사(虎嵒寺), 오함사(烏含寺), 천왕사(天王寺), 도양사(道讓寺), 백석사(白石寺) 등이다. 이 가운데에서 미륵사, 사자사, 왕홍사, 수덕사는 우리의 귀에 익은 절이다. 미륵사는 백제 최고의 사찰로 잘 알려져 있고, 사자사는 미륵사가 있는 용화산 중턱에 자리한 절이다. 왕홍사는 당시 수도인 사비성(부여)에 세워진 절이다. 그러나 현재 수덕사를 제외한 나머지

절들은 모두 폐사(廢寺)되어 절터만 남아 있다. 수덕사만이 유일하게 오늘날까지 그 역사를 이어오고 있는 것이다.

예산 수덕사는 덕숭산(德崇山, 495미터)에 자리한 백제 고찰이다. 덕숭산은 서해를 향해 달려오던 차령산맥에서 떨어져 나온 줄기가 만들어낸 산이다. 이 산은 북쪽의 가야산(伽倻山)과 서쪽의 오서산, 동남쪽의 용봉산(龍鳳山)으로 둘러싸인 한복판에서 호령하고 있는 모습이다. 덕숭산 자락을 따라가다 보면 계곡마다 물이 흐르고, 야트막한 구릉과 넓은 벌판을 지나면 서해 바다가 펼쳐진다.

명산과 고찰이 조화를 이루고 구릉과 들판이 어우러진 덕산(德山), 그래서 사람들은 예부터 이곳을 호서(湖西)의 소금강(小金剛)이라 일컬어 왔다.

학덕을 닦는 도량

백제는 북중국 전진(前秦)으로부터 불교를 받아들인 고구려와 달리, 남중국 동진(東晉)의 인도승 마라난타(摩羅難陀)로부터 불법을 전해 받았다. 15대 침류왕(枕流王)은 즉위 원년(384) 9월에 몸소 백제를 찾아온 마라난타를 교외까지 나아가 맞이하여 대궐에 머물게 하고 예를 갖춰 공경하면서 가르침을 받았다. 이듬해 2월 침류왕은 당시 도읍지인 한산(漢山)에 절을 세우고 열 명의 비구들을 득도(得度)시켰다. 불과 5개월 만에 불교 신앙의 토대가 마련된 것이다. 이처럼 초기 백제 불교는 초기 신라 불교와 달리 왕의 적극적인 호불정책(護佛政策)에 의해서 전개되었다.

백제 17대 아신왕(阿莘王)은 즉위(392)하자마자 "불법을 받들어 믿고 복을 구하라(崇信佛法求福)"는 영을 내렸다. 왕이 이러한 교지(敎旨)를 내렸다는 점과 도교인들이 없었다는 점에서 백제는 불교의 나라라고 말할 수 있다.

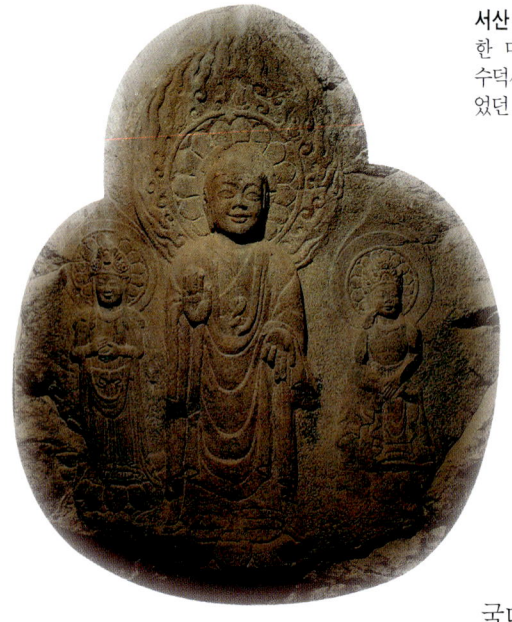

서산 마애불 이 시대 불상들에는 온화한 미소와 넉넉한 기품이 담겨 있는데 수덕사도 이러한 분위기 속에서 창건되었던 것으로 보인다.

수덕사는 위덕왕(威德王) 재위(554~597년) 때에 세워진 것으로 추정된다. 수덕사 경내에서 발견된 백제 와당(瓦當)은 백제시대의 창건을 뒷받침하고 있다. 또 수덕사는 운허의 『불교사전(佛敎辭典)』(동국대학교 역경원)에 의하면, 도선(道宣)의 『속고승전(續高僧傳)』과 일연(一然)의 『삼국유사(三國遺事)』 등에 처음으로 '북부 수덕사'라고 기록되었다고 한다.

수덕사는 백제의 고승 지명(智明, 知命)에 의해 창건된 것으로 전해진다. 이 수덕사가 바로 현존 사서(史書)류에 기록된 북부 수덕사이다. 수덕사 앞에 '북부'라는 수식어가 붙은 것은 성왕(聖王, 523~553년 재위)의 사비 천도 이후로, 수덕사가 속해 있던 덕산현(德山縣)이 사비성의 북부 지역에 해당되었기 때문이다. 북부 수덕사와 다른 별개의 수덕사가 현존 자료에 전혀 보이지 않는다는 점에서 이 북부 수덕사는 현재의 수덕사라고 말할 수 있다.

6세기의 삼국은 중국 남·북조와의 교통을 위해 경기·충청도 지역의 해상 교통 요충지를 확보하고자 하였다. 이 무렵 해상왕국 백제는 서해안의 남북 해상 교통의 요충지인 한강 유역을 상실하고 금강 유역을 중심으로 국제 관계를 유지하고 있었다. 이 때문에 태안 반도를 중심으로 하는 충남 서안 지역은 백제가 중국의 불교 문화를 흡수하는 중요한 통로가 되었다. 백제는 성왕 16년(538)에 도읍을 부여로 옮겼다. 이때부터 시작된 부여시대, 즉 남부여시대는 백제의 마지막 임금인 의자왕(義慈王) 20년(660)까지 지속된다.

6세기 중반을 전후하여 백제의 문화는 전성기를 맞이한다. 백제가 서해의 해상권을 회복한 성왕 때 조성된 태안 마애불과 위덕왕 때 만들어진 것으로 보이는 서산 마애불에는 백제인의 기상과 자신감이 넘쳐흐르고 있다. 이 시대의 불상들에는 온화한 미소와 넉넉한 기품이 담겨 있는데 수덕사도 이러한 분위기 속에서 창건되었던 것으로 보인다.

혜현법사의 주석 도량

수덕사는 무왕(武王) 때 활약했던 혜현(惠現, 慧顯, 570~627년)법사의 주석(駐錫) 도량으로 알려져 있다. 그가 어느 절에서 출가했는지는 알 수 없다. 사료에는 혜현법사가 출가한 뒤 이곳에 처음 머물며 오랫동안 주석했다고 기록되어 있다. 어려서 출가했던 혜현법사가 달라산(達拏山)에서 입적하기 전까지 수덕사에 오랫동안 머무르며 지송(持誦)하고 강론(講論)을 했다는 점에서 이 절은 위덕왕 때에 지어진 것으로 추정된다. 그렇다면 수덕사는 혜현법사가 이 절에 머무르기 전 이미 지명법사에 의해 창건되어 있었음이 분명하다.

도선이 찬술한 『속고승전』 권28 「백제국 달라산 석혜현전(百濟國 達拏山 釋慧顯傳)」에 의하면 이렇다. 혜현법사는 어려서 출가하여 지극한 마음으로 『법화경(法華經)』을 지송하고 아울러 『삼론(三論)』도 깊이 연구하였다. 혜현법사는 그에게 강론을 청하는 무리가 있으면 강론하고 없으면 늘 지송하였다. 멀리 사방에서 그의 학풍을 흠모하여 강당

문밖에 신 벗을 자리가 없을 만큼 가득 찼다. 그러나 본래 시끄럽고 번잡한 것을 싫어하였던 그는 강남 달라산의 지극히 험준한 계곡의 높은 바위 언덕 위에서 조용히 임종을 맞이했다.

그가 입적(入寂)하자 함께 공부하던 도반(道伴, 함께 불도를 수행하는 벗)들이 혜현법사의 시체를 석굴 속에 두었더니 호랑이가 다 먹고 해골과 혀만 남겨 두었다. 3년이 지나자 그 혀가 더욱 붉어졌으나 유연하기는 살아있을 때와 같았고, 좀더 시간이 지나자 비로소 자줏빛으로 변하면서 돌처럼 굳어졌다. 도속(道俗, 도를 닦는 사람과 세속의 사람)이 모두 괴이하게 여겨 공양하고 잘 싸서 석탑에 모셨다.

혜현법사가 58세로 입적한 해가 627년이므로 그는 위덕왕 재위 때인 570년에 태어난 것이 된다. 이를 연보식으로 정리해 보면 아래와 같다.

554~597년(백제 위덕왕) ─지명이 수도 사비성 북부에 수덕사를 창건.
601년(백제 무왕 2) ─혜현이 수덕사에 처음 머무르며 『법화경』을 독송하고 『삼론』을 강론함.
627년(백제 무왕 28) ─혜현이 58세로 입적함.

수덕사 창건 연기 설화

『덕산향토지(德山鄕土誌)』(1996. 11.)에는 내용상 후대에 만들어진 것으로 보이는 수덕사 창건에 얽힌 전설이 실려 있다.

홍주 고을에 수덕이란 도령이 있었다. 그는 양반집 아들로 사냥을 좋아해서 어느 해 가을에 몸종들을 데리고 사냥을 갔다. 몸종들이 짐승을 몰면 수덕도령이 화살을 날려 잡는 그런 사냥이었다. 몸종들이 나뭇가지를 탁탁 털면서 "우……" 하고 몰아오더니 "노루야 노루야" 하고 소리쳤다. 수덕도령은 활쏘기에 자신이 있었으므로 언덕 아래에서 활을 조이며 숨어서 쳐다보고 있는데 정말 송아지만한 노루가 자기 앞으로 껑충껑충 뛰어오고 있었다. 수덕도령은 바삐 활시위를 잡아당겼다가 순간 멈췄다. 수덕도령이 화살을 날리지 않고 멈추자 몸종들이 화살을 날리라고 아우성을 치기 시작했다. 그러나 아우성이 커질수록 수덕도령의 활시위에 천천히 힘이 빠지기 시작했다. 끝내 노루를 놓친 몸종들은 섭섭했지만 수덕도령에게는 그만한 이유가 있었다. 화살이 잡은 노루의 방향에 어여쁜 낭자가 똑같이 뛰어가고 있었던 것이다. 그리고는 노루가 사라지자 뛰어가던 낭자가 자기 앞에 나타나 굳은 얼굴로 그를 바라보더니 사라지는 것이었다.

그런 일이 있은 뒤부터 수덕도령은 책을 펼쳐도 글씨는 보이지 않고 낭자의 얼굴만 떠올랐다. 그는 며칠을 고민하다가 자기를 아끼는 할아범 몸종에게 낭자를 찾아보라고 했다. 할아범이 여러 마을에 수소문해 본 결과 그 낭자는 건너 마을에 사는 덕숭이라고 했다. 덕숭낭자는 혼자 살고 있었는데 그 아름다움이나 마음씨가 고와서 온 마을에서도 뛰어난 낭자란 평이었다. 할아범으로부터 이런 이야기를 들은 수덕도령은 밤에 덕숭낭자의 집을 찾아가 자기는 꼭 낭자와 혼인을 해야겠다고 우격다짐을 하며 새벽닭이 울 때까지 덕숭낭자를 졸라댔다. 낭자는 닭울음 소리를 듣고는 수덕도령을 바라보며 말했다.

"저와 꼭 혼인하고 싶으시면 먼저 소녀의 청을 들어주셔야 하겠습니다. 저희 집 근처에 절을 하나 세워 주세요."

덕숭낭자가 절을 세워 달라고 하자 수덕도령은 쾌히 승낙하고는 그날부터 절을 짓기 시작했다. 많은 사람들이 작업을 해서 절은 빨리 지어졌다. 수덕도령은 낭자를 찾아가서 절이 다 지어졌노라고 전했다. 그랬더니 낭자는 "어째서 절을 지으면서 부처님을 생각하지 않으시고 여자의

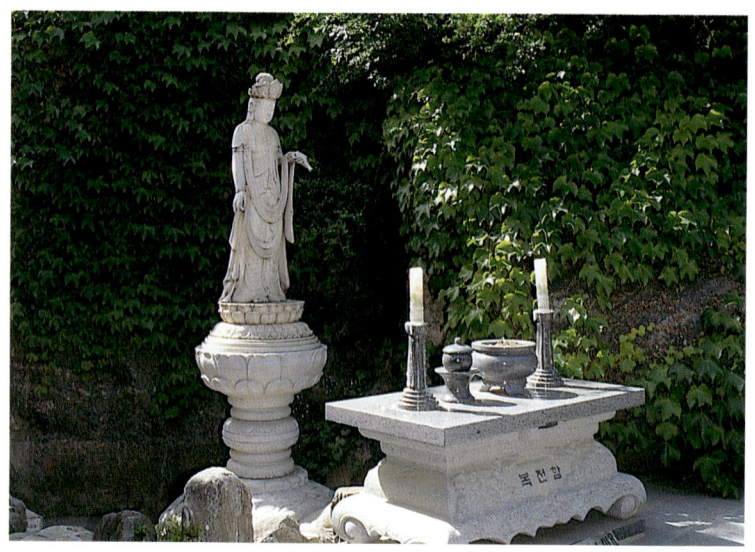

관음바위와 관세음보살상 수덕도령과 덕숭낭자의 전설이 깃든 곳으로 관세음보살의 자비를 기원하는 기도객의 발길이 끊이지 않는다.

몸을 탐내십니까. 그런 절은 바로 없어집니다" 하고 자리에서 일어나는 것이었다. 이때였다. 밖에서 "우루루……" 하는 소리와 함께 많은 사람들이 새로 지은 절이 부서졌다고 아우성을 치는 것이었다. 이에 수덕도령은 다시 절을 짓기 시작했으나 이번에는 불이 나 타버렸다. 덕숭낭자는 수덕도령이 날마다 목욕을 하고 몸가짐은 정돈이 되었으나 마음에 부처님보다 덕숭낭자를 생각했기 때문에 그런 일이 생겼다고 했다. 그는 잿더미 위에 또 절을 짓기 시작했다. 이번엔 오로지 부처님만 생각했다. 이윽고 절이 완성되자 덕숭낭자는 결혼을 승낙하여 결혼식을 올렸으나 자기 몸에 손을 못대게 했다.

어느 날 수덕도령은 참을 수가 없어서 와락 덕숭낭자를 껴안았다. 그런데 이게 어찌된 일인가. 문짝이 달가닥 하고 떨어지며 이불이 공중에

뜨더니 수덕도령을 밀어 제치고 둥둥 떠서 어디론가 사라지는 것이었다. 순간 덕숭낭자는 온데간데없고 버선 한 쪽만 쥐어져 있었다. 그리고 천둥소리와 함께 그들이 살던 집은 불더미가 되고 수덕도령이 앉아 있던 자리에 바위가 생겼는데 그 바위에 버선 모양의 꽃이 피었다.

이 전설에 따라 그 산은 덕숭낭자라는 관음보살이 화현(化現, 불·보살이 중생을 제도하기 위해 여러 가지 모습으로 나타내는 것)하여 속세에 와서 살았다 해서 '덕숭산'이라 했고, 절은 수덕도령이 지었다 해서 '수덕사'라 불리게 되었다. 그리고 바위에 피는 꽃은 버선 모양이라 해서 '버선꽃'이라 불린다고 한다.

이 전설은 수덕사의 창건 정신이나 '덕을 받든다〔德崇〕'라는 산 이름과 '학덕을 닦는다〔修德〕'는 절 이름과는 무관하다. 이 전설에는 수덕사 창건 설화가 '수덕'이라는 도령과 '덕숭'이라는 낭자의 사랑 이야기로 서로 맞물려 있다. 마치 금강산 보덕굴(普德窟)에 얽힌 보덕각시와 관음보살 이야기가 중첩되어 있는 것과 흡사하다.

그러나 이 전설이 전혀 무의미한 것은 아니다. 역사적 사건을 해석하기 위해서는 민간에서 전해 내려오는 전설과 설화 등에 담긴 민중들의 희원(希願)을 통해 그 시대의 상황을 추정하여 역사를 재구성할 수도 있기 때문이다.

『덕산향토지』에 전하는 원효(元曉, 617~686년) 내사 중창설과 숭제(崇濟) 법사의 『법화경(法華經)』 강경설 역시 민중들의 염원이 담겨져 있는 것으로 이해할 수 있다. 이 문헌에는 혜현법사에 대해 한 마디 언급한 뒤 "599년에 창건하고 원효대사가 중창하였으니 이 90년 동안 학문이 크게 번창하였다"고 기록되어 있다. 특히 '원효' 절에서는 『삼국유사』의 「의해(義解)」편 '원효불기(元曉不羈)' 조를 모두 인용하고 "원효대사가 이곳 수덕사에 주석하면서 중창하였으므로 그의 폭넓은 학덕이

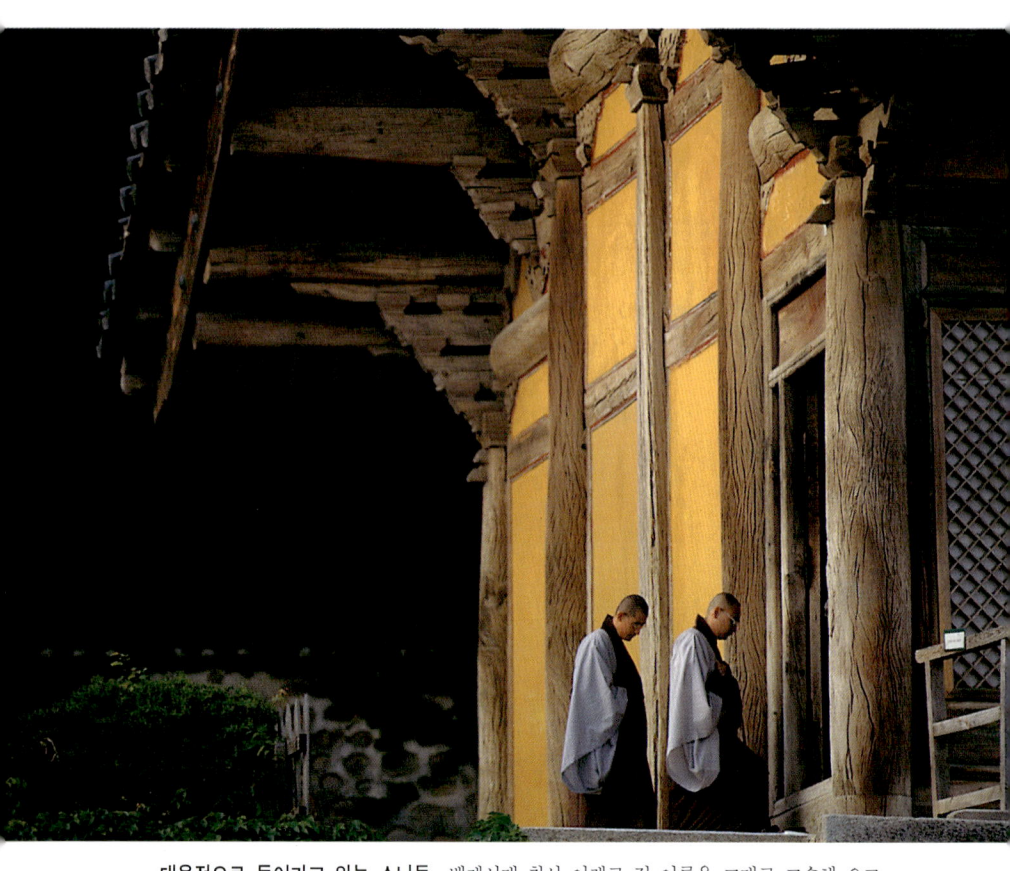

대웅전으로 들어가고 있는 스님들 백제시대 창사 이래로 절 이름을 그대로 고수해 오고 있는 수덕사는 수행과 분리될 수 없는 선지종찰이다.

이곳을 빛냈을 것이나 기록은 없다"고 하면서 원효대사가 개창하였다는 원효암이 있기에 논급한다고 하였다. 그러나 이 이야기는 역사적 사실과는 전혀 동떨어진 것이다. 우리나라 사찰들의 역사를 살펴보면 '민족의 부처님'인 원효대사를 사찰 중창에 끌어들여 해당 사찰을 빛내고자 하는 예를 자주 찾아볼 수 있다. 따라서 『덕산향토지』의 원효 중창설 역시 이런 의도를 억지로 꿰어 맞춘 것임을 쉽게 알 수 있다.

또 운허가 편찬한 『불교사전』에는 구체적인 근거 자료 없이 백제 의자왕 7년(647)에 숭제법사가 수덕사에서 『법화경』을 강론하였다고 적고 있다. 이와 관련하여 일연의 『삼국유사』에는 진표(眞表) 율사에 관한 전기가 두 종이 실려 있는데, 하나는 「의해」편 '진표전간(眞表傳簡)'조이다. 여기서 숭제법사는 금산사 스님으로 신라 경덕왕과 혜공왕 때 활동한 고승 진표의 스승으로 기록되어 있다. 다른 하나는 「고성발연수신라승진표율사진신골장탑비명(高城鉢淵藪新羅僧眞表律師眞身骨藏塔碑銘)」을 옮겨 보기(補記)한 '관동풍악발연수석기(關東楓岳鉢淵藪石記)'조에 나오는 기록이다. 여기에는 숭제법사가 순제(順濟) 법사로 표기되어 있다. 두 기록의 앞뒤 맥락을 미루어 보면 순제법사는 숭제법사의 잘못된 표기로 추정된다.

그러나 '진표전간'에 따르면 진표가 출가한 12세 때가 성덕왕 28년(729)이 되고, '발연수석기'에서는 경덕왕 4년(745)으로 되어 있어, 『불교사전』에서 말한 의자왕 7년과는 무려 82년에서 98년이나 차이가 나므로 같은 숭제법사라 할 수 없다. 『불교사전』을 보더라도 수덕사에서 『법화경』을 설법한 이는 오히려 혜현법사가 되어야 적절하다. 그러나 의자왕 7년이면 혜현법사 역시 입적한 지 20년 뒤가 되므로 맞지 않다. 그러므로 숭제법사의 『법화』 강경설은 수용하기 어려우며 이 설 역시 원효대사 중창설과 마찬가지로 민중의 과도한 염원이 빚어낸 설화를 후대에 그대로 기록한 것이라 여겨진다.

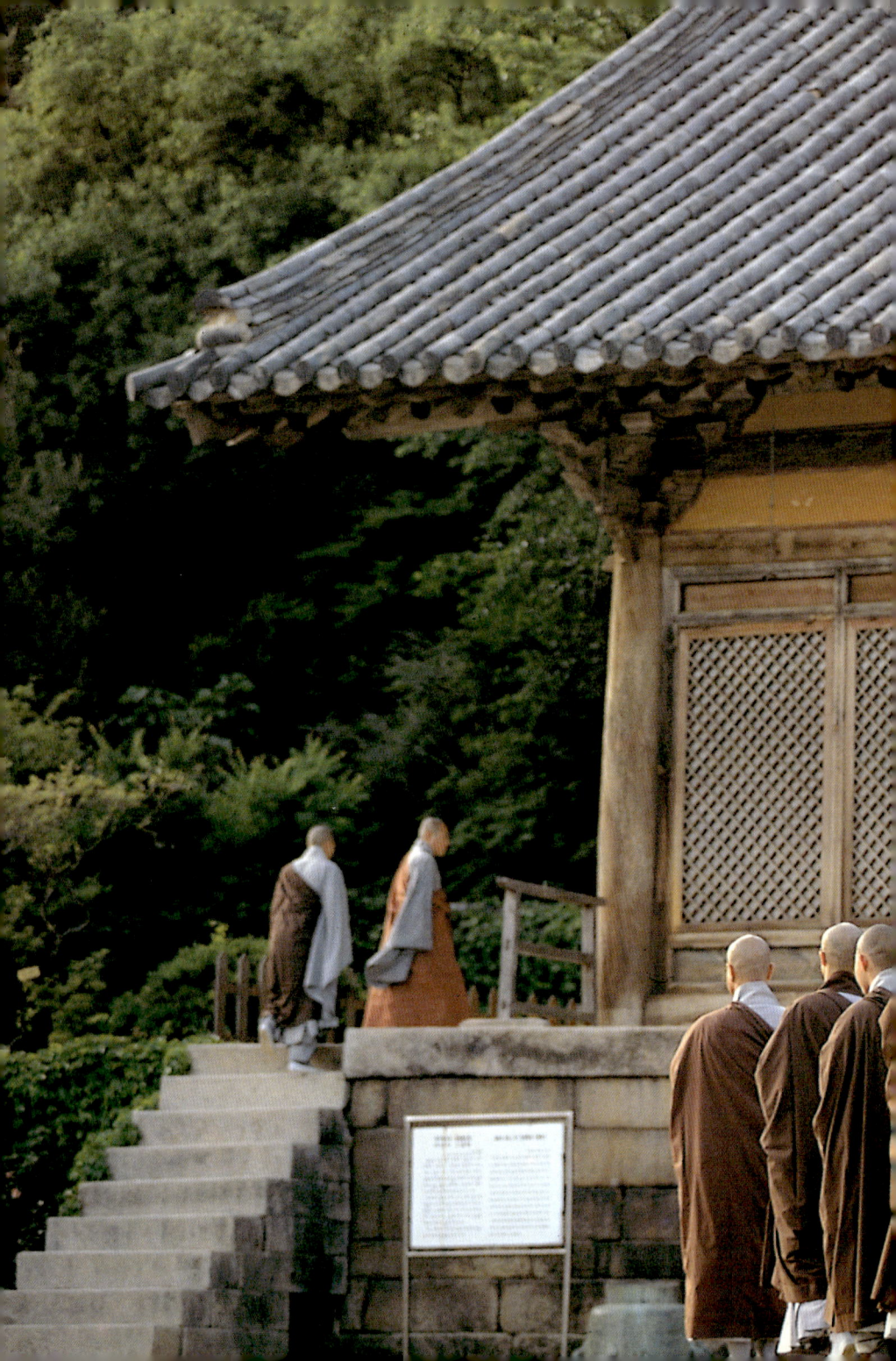

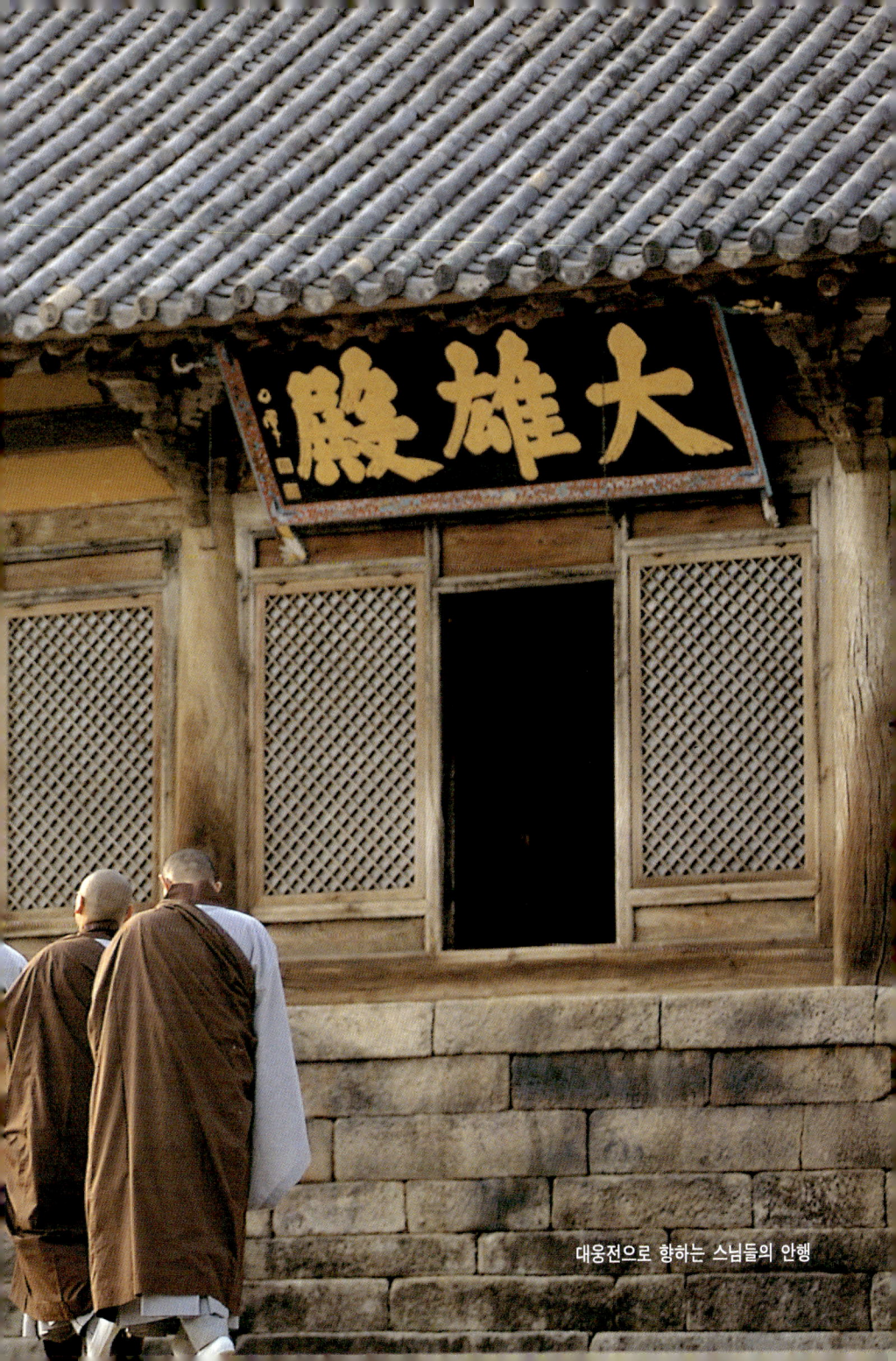

대웅전으로 향하는 스님들의 안행

중창의 역사

수덕사가 삼국통일 뒤 어떠한 사격(寺格, 절의 자격이나 등급)을 지니고 이어져 왔는지에 관한 사료나 유물은 거의 없다. 다만 1937년에서 1940년 사이의 대웅전(大雄殿) 해체·수리 때 대들보에서 발견된 '지대 원년(至大元年)'이라는 묵서명(墨書銘), 즉 고려 충렬왕 34년 (1308)에 건립된 대웅전의 대들보에 새겨진 글자를 통해 조금이나마 중창의 역사를 알 수 있을 뿐이다.

고려 말 조선 초의 수덕사

고려 충렬왕 때는 원(元, 몽고)의 침략으로 나라가 쇠약해져 있었다. 흔히 원간섭기라고 명명하는 이 시기에 수덕사의 대웅전이 건립되었다는 것 자체가 많은 해석의 여지를 안고 있다. 여기에는 현존하는 목조 건축물들이 대개 고려 말에 중창되었던 것도 서로 일맥상통하는 면이 있다.

조선 중종 25년에 이행(李荇) 등이 증보한 『신증동국여지승람(新增東國輿地勝覽)』에 실린 기록을 중심으로 수덕사 중창 불사의 연보를 작성해 보면 다음과 같다.

대웅전 상량문 1937년 대웅전 해체·수리 때 발견된 것으로 '지대 원년'이란 묵서명이 있다. 사진 출처:『오가와 게이기찌 조사 문화재 자료』, 국립문화재연구소, 1994년.

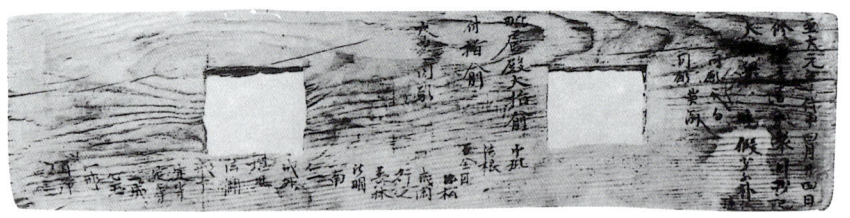

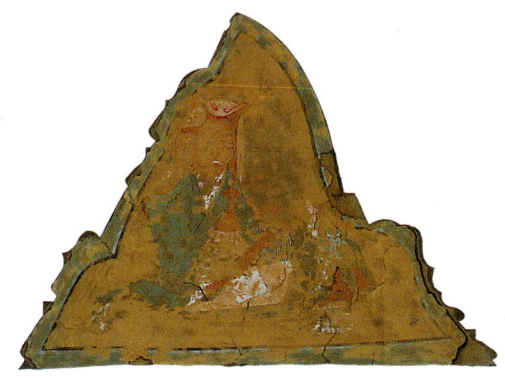

나한상(벽화 모사도) 대웅전 내부에 그려졌던 것으로 한국전쟁 때 사라지고 모사도만 남아 있다. 국립중앙박물관 소장.

1308년(고려 충렬왕 34) ─맞배지붕으로 된 정면 3칸, 측면 4칸의 대웅전 건립.

1528년(조선 중종 23) ─대웅전 채색 보수.

1530년(중종 25) ─『신증동국여지승람』「덕산현(德山縣)」 '불우(佛宇)' 조에 취적루(翠積樓)와 불운루(拂雲樓) 기록.

이 가운데 조선 중종 23년에 대웅전을 채색·보수했다는 것이 눈에 띈다. 현존 건물의 겉면에는 단청을 한 흔적이 없지만 대웅전 내부와 천장에는 벽화가 있었던 것으로 보인다. 특히 1937년 해체·수리 때에는 공양한 꽃꽂이, 작은 불상과 나한상들, 극락조(極樂鳥)인 가릉빈가(迦陵頻伽), 악기를 타는 비천 등 많은 벽화들이 발견되어 사람들이 감탄을 금하지 못하였다. 그러나 이 벽화들은 그뒤 한국전쟁으로 사라지고 지금은 당시 사진으로 찍어 놓은 유물들과 모사도만이 국립중앙박물관에 보관되어 있다.

조선 중기 이후의 수덕사

우리나라는 임진왜란과 병자호란 등의 전란을 경험하면서 많은 사찰을 잃어버렸다. 수덕사 역시 현존하는 당우(堂宇)의 중창 연대를 추정해 보면 고려 말에 건립된 대웅전을 제외하고는 대개 이 시기에 중창하거나 새로 건립한 것으로 보인다.

다음은 조선 중기 이후의 수덕사 중창에 대한 연보이다.

1673년(현종14) ─ 화원이었던 응열(應悅)·옥준(玉俊)·학전(學全)·
            석능(釋能) 등이 원만보신노사나불과 여러 대아라한
            및 제천 등 권속들이 협시한 대회도(大會圖)의 괘불
            조성.
1751년(영조 27) ─ 대웅전 중창.
1770년(영조 46) ─ 대웅전 중창.
1803년(순조 3) ─ 경허가 대웅전 중창. 후면의 부연 보수와 풍판 개수.
1870년대(고종) ─ 도현(道玄)이 선수암(善修庵) 창건.
1906년(고종 43) ─ 만공이 금선대(金仙臺) 건립.
1916년 ─ 만공이 조인정사(祖印精舍, 승가대학) 건립.
1920년대 ─ 상옥(相玉)이 극락암(極樂庵) 창건.
1924년 ─ 만공이 절벽을 깎아 용출(湧出) 관음보살입상 건립.
1925년 ─ 만공이 소림초당(少林草堂) 건립
1926년 ─ 만공이 백련당(白蓮堂) 건립. 환희대(歡喜臺) 창건.
1930년 ─ 도흡(道洽)이 정혜사(定慧寺) 동쪽 뒤편에 초가집으로 된 비구
        니 선방 청운당(靑雲堂) 발족.
1931년 ─ 만공이 7층석탑 건립.
1932년 ─ 만공이 정혜사 능인선원(能仁禪院) 건립.
1935년 ─ 만공이 전월사(轉月舍) 건립. 정혜사 관음전(觀音殿) 중창.

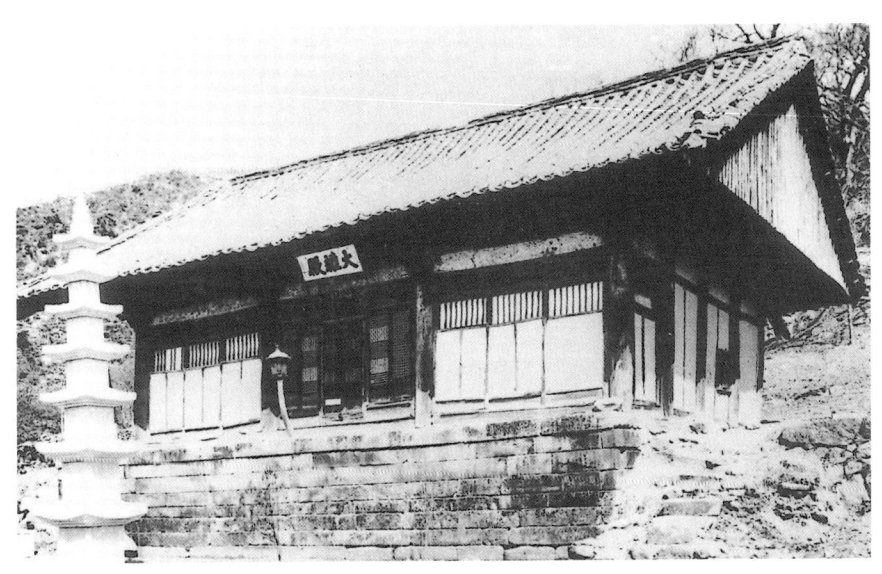

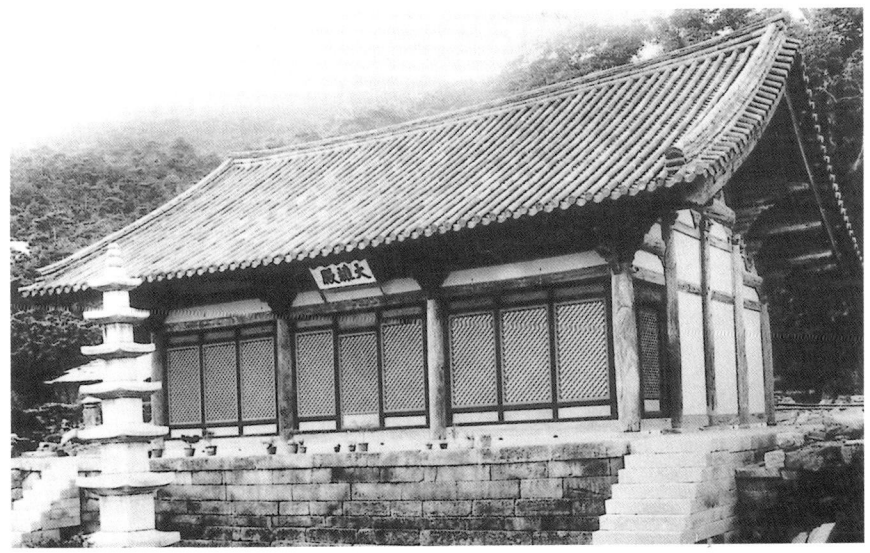

1937년 대웅전의 해체·수리 전 모습(위)과 수리 후 모습(아래) 사진 출처:『오가와 게이기찌 조사 문화재 자료』.

1937년의 대웅전 해체·복원 공사

앞에서 살펴보았듯이 1937년에 크게 해체·복원 공사를 한 대웅전은 맞배지붕에 정면 3칸, 측면 4칸의 주심포 계통의 건물로, 안동 봉정사 극락전과 영주 부석사 무량수전과 더불어 현존하는 최고의 목조 건축물로 알려져 있다.

건립 당시에는 법당 내부에 주악공양비천도(奏樂供養飛天圖)와 수화도(水花圖), 야화도(野花圖) 등의 벽화가 그려져 있었다고 전해지며 금룡도(金龍圖)는 지금도 천장에 남아 있다. 또 현존하는 오불도(五佛圖)는 조선시대의 것으로 추정된다.

대웅전 해체·보수 뒤의 수덕사 연보는 아래와 같다.

1937년─만공이 대웅전 보수.
1939년─만공이 향운각(香雲閣) 건립.
1940년─일엽이 양철집으로 된 견성암(見性庵, 청운당)을 기와집으로
　　　　개축.
1947년─만공의 동경미술학교 출신 제자 박중은(朴重隱) 선사의 설계로
　　　　현대적 사리탑인 만공탑(滿空塔) 건립.

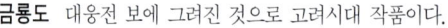

금룡도 대웅전 보에 그려진 것으로 고려시대 작품이다.

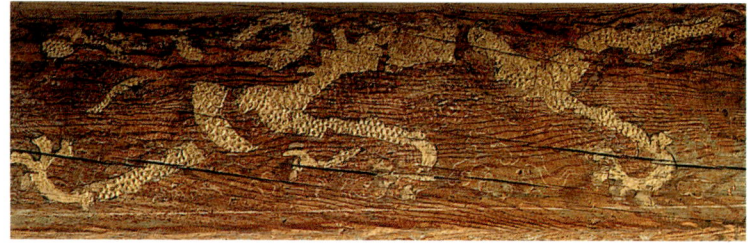

수덕사의 고승

경허와 만공 그리고 하엽(일엽)

오늘의 덕숭산 수덕사를 말할 때 경허선사와 만공선사를 빼놓고는
아무런 이야기를 할 수 없다. 그만큼 한국 근대 선법(禪法)에 있어서
이 두 고승의 존재가 두드러지기 때문이다. 오늘의 덕숭총림은 이들 두
고승의 학덕에서 비롯되었다고 해도 지나친 말이 아니다. 수덕사가 백
제의 혜현법사 이래 '학덕을 닦는 도량'의 정체성을 지킬 수 있었던 것
도 바로 이 두 고승에서 비롯되는 한국 근·현대 선맥(禪脈) 때문이다.

경허 성우(鏡虛惺牛, 1846~1912년)는 조선 헌종 12년 전북 전주에
서 태어났다. 일찍이 아버지를 여의고 9세에 어머니를 따라 경기도 광
주의 청계사(淸溪寺) 계허(桂虛) 밑에서 출가했다. 계허가 환속(還俗)
하자 동학사의 만화 관준(萬化寬俊)을 찾아가서 경학을 배우고 여가에
는 외전(外典)을 두루 읽어 통달하였다.

고종 8년(1871) 대중들의 청으로 동학사에서 강의를 열자 학인들이
사방에서 구름처럼 모여들었다. 고종 16년(1879)에는 옛 은사 계허의
집을 찾아가다가 문둥병이 도는 마을을 지나게 되었다. 거기에서 삶과
죽음의 갈림길에서 번민하는 자신의 실존적 고뇌에 직면한 뒤 거듭 발
심[再發心]하고는 곧바로 절로 돌아와 강원을 닫고 학인들을 돌려보냈
다. 그뒤 3개월 동안 한 손에는 칼을 쥐고 목 밑에는 송곳을 꽂은 널빤
지를 놓아 졸음을 쫓으면서 정진하였다. '홀연히 콧구멍이 없다'는 말
을 듣고 몰록 삼천대천 세계가 내 집임을 깨달았다.

고종 17년(1880) 홍주 천장암에서 용암(龍岩)의 법을 이었고, 그로
부터 20여 년 동안 천장암과 서산의 개심사, 부석사 등지에서 일정한
계율에 얽매이지 않고 선의 일상화를 추구하면서 선풍을 드날렸다. 광
무 3년(1899) 합천 해인사(海印寺)에 머물면서 경전 간행 불사를 담당

하고 수선사(修禪寺) 신설 사업의 법주(法主)가 되었다. 광무 6년 (1902) 동래 범어사의 금강암과 마하사의 나한 개금 불사(羅漢改金佛事)의 증명(證明) 법사가 되었다. 광무 8년(1904) 오대산과 금강산을 거쳐 안변의 석왕사(釋王寺)에서 오백 나한 개금 불사에 다시 증명법사로 참여했다가 홀연히 자취를 감추었다.

그뒤 장발을 한 채 유관(儒冠)을 쓰고 스스로를 박난주(朴蘭州)라 부르며 아이들을 가르치면서 살았다. 함경북도 갑산(甲山)과 강계(江界) 등지를 다니면서 만행(卍行)을 행하였다. 1912년 4월 25일, 함북 갑산의 웅이방 도하동에서 나이 67세, 법랍(法臘) 58세로 입적했다. 그의 문하에는 수월 음관(水月音觀)·혜월 혜명(慧月慧明)·만공 월면·한암 중원(漢巖重遠)·침운(枕雲) 등이 있다.

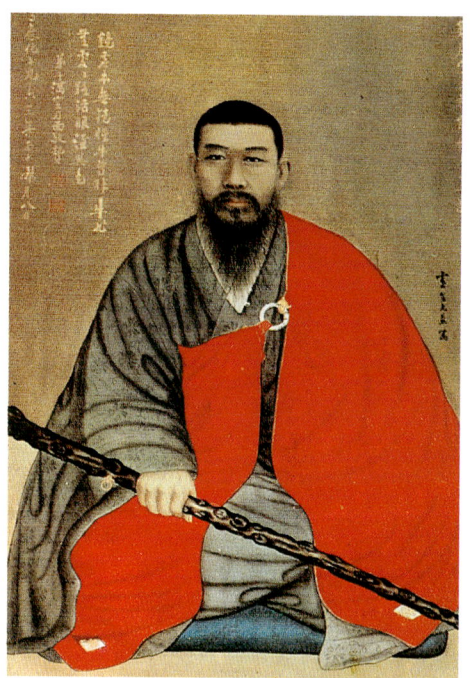

경허 문하의 4대 고족(高足, 특히 뛰어난 제자) 가운데 한 명인 만공 월면(滿空月面, 1871~1946년)은 고종 8년 전북 태인 상일리에서 태어났다. 고종 21년(1884) 14

경허선사 영정 한국 근대 선불교의 중흥조로 선의 혁명가이자 대승의 실천자였다. 사진: 유남해.

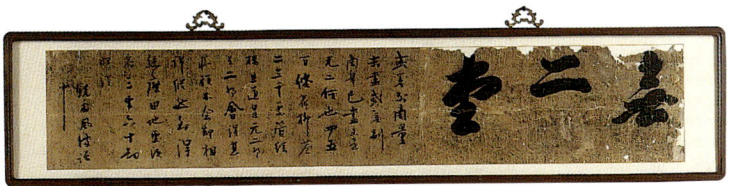

무이당 편액 경허선사의 친필로 '오직 하나뿐인 깨달음을 향해 매진하는 수행자'라는 뜻을 담고 있다. 사진:근역성보관.

세에 서산 천장사에서 태허 성원(泰虛性圓)을 은사(恩師, 출가시켜 길러준 스님)로, 경허 성우를 계사(戒師, 계법을 전해준 스님)로 사미계(沙彌戒)를 받고 득도했다. 그리고 10여 년 동안 천장사에서 경허선사를 모시고 선의 진수를 배우고 체험했다. 고종 30년(1893) 온양의 봉곡사(鳳谷寺)에서 노전(爐殿, 법당에서 아침과 저녁에 향불을 받드는 스님)을 맡아보면서 공부했고 그뒤 마곡사 근처의 토굴에서 3년 동안 공부하다가 그곳에 찾아온 경허선사와 선을 논했다.

1897년 7월, 경허선사가 권한 조주(趙州) 무자(無字) 화두를 잡고 정진하다가 스승이 머무는 서산 부석사를 찾아가 선의 이치를 참구했다. 그뒤 통도사(通度寺) 백운암에서 머물다가 새벽 종소리를 듣고 깨달았다. 그리고 1904년 천장사로 돌아와 경허선사의 법을 이어받은 뒤 수덕사와 정혜사, 견성암을 중창하고 선풍을 떨쳤다. 다시 금강산 마하연(摩訶衍)에서 3년을 보내고 덕숭산으로 돌아와서 안동 김씨가 차지하고 있던 간월도(看月島)의 간월암터를 되찾아 복원하였다.

1937년 2월 마곡사 주지로 있을 때였다. 만공선사는 조선총독부에서 열린 31본사(本寺, 관할 구역을 통할하는 큰 절) 주지 회의에 참여하였는데, 이때 미나미(南次郎, 1936~1941년 재임) 총독이 전 총독 데라우찌(寺內正毅, 1910~1915년 재임)가 한·일 불교계에서 한 일에 대하여 칭찬하기 시작했다. 본사 주지들은 모두 고개를 끄덕거리기도 하고 혹은 감동 어린 눈빛으로 데라우찌에 대한 존경의 뜻을 표하고 있었다. 이러한 분위기 가운데 미나미는 일본 불교와 한국 불교를 합병할 것을 주장하고 끝을 맺었다. 누구 하나 감히 반대하는 사람이 없었다.

이때 만공선사가 "밝고 밝은 빈 자리인데 어찌 산하대지가 생겨났는고?" 하며 미나미의 한·일 불교 합병 불가론을 연설하기 시작했다. "전 총독 데라우찌야말로 우리 조선 승려로 하여금 일본 승려를 본받아 계율을 파하고 대처(帶妻, 스님이 아내를 거느림)하게 한 장본인입니다. 그런 자를 조선 불교계의 공로자로 내세우다니 이런 자는 지옥이 백 개가 있어도 모자라는 자입니다. 따라서 총독 미나미야말로 몸은 비록 여기 있지만 벌써 무간지옥(無間地獄)에 떨어진 자입니다. 또한 정치와 종교는 엄연히 분리되어야 합니다. 정치가 종교를 그 도구로 갉아먹을 때 그 민족의 정신은 썩어 들어가고 있다는 증거입니다" 하고 사자후(獅子

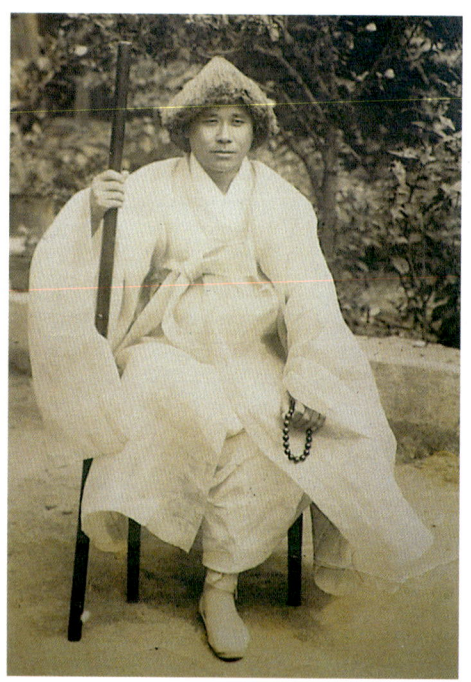

만공선사 경허선사의 제자로 일제강점기 아래 치욕스러운 한국 불교 정책을 쇄신시키면서 불교계에 새로운 선풍을 일으켰다. 사진: 유남해.

만공선사의 시가 새겨진 거문고 고종의 둘째 아들인 이강 공이 만공
선사에게 선사한 것이다. 사진:근역성보관.

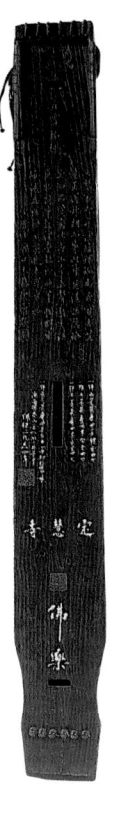

吼)를 토했다. 그리고 만공선사는 소매를 떨치고 유유
히 법좌에서 내려왔다.

만공선사는 조선총독부의 불교 정책에 순응했던 다
른 본사 주지들과 달리 총독부의 정책을 정면으로 반
대했으며 31본사 주지 가운데에서 유일하게 창씨개명
(創氏改名)을 하지 않았다. 말년에는 덕숭산에 전월사
를 짓고 머물다가 1946년 입적했다.

흔히 경허선사는 한국 선과 근대 불교의 중흥조로
평가된다. 전국 사찰 곳곳에다 선원과 선실을 세워 선
수행의 풍토를 조성하였고 선풍을 일으켰으며 수많은
법제자들을 배출하였기 때문이다. 그리고 경허 문하의
4대 고족 가운데 가장 굳건하게 법맥을 형성시킨 이는
만공선사이다. 만공선사는 경허선사로부터 이어받은
법맥을 덕숭산 수덕사를 중심으로 다지고 펼쳤다. 1905
년 금선대를 짓고 1925년에는 소림초당을 지어 주석하면
서 혜암·벽초·금오·전강·고봉·하엽 등의 선사들을
제접(提接, 맞아들여 가르침)하면서 만공 선풍을 떨쳤다.

따라서 금세기 덕숭산의 선맥은 만공선사에서 비롯되었지만 그 원류
에는 경허선사의 법맥이 흐르고 있다. 만공선사는 '모든 것은 오직 마
음이 만드는 것이다'는 게송(偈頌, 부처의 공덕을 기린 노래)을 읊다가
깨달은 뒤 오도송(悟道頌)을 부르고 경허선사에게서 전법게(傳法偈)를
받았다. 경허선사의 골수를 만공선사가 고스란히 계승했던 것이다. 때
문에 경허선사의 참다운 계승은 만공선사라 할 수 있으며, 이 두 선사

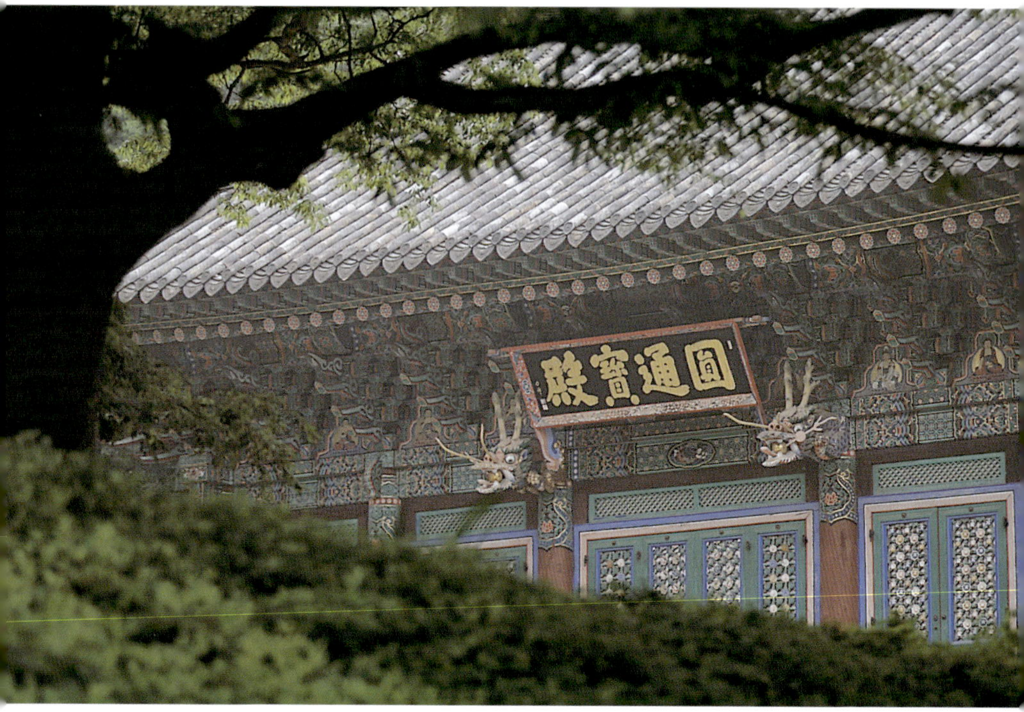

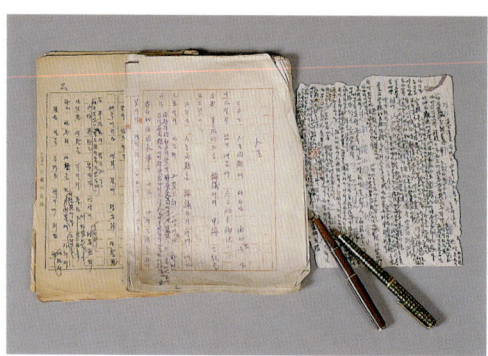

하엽스님이 입적한 환희대의 원통보전(위)
하엽스님 유품(왼쪽) 하엽스님은 필명인
김일엽으로 더 잘 알려진 인물로, 평생
동안 여성의 자유와 지위 향상을 위해 노
력했다. 사진:근역성보관.

를 떠나서 수덕사를 이야기할 수 없는 이유가 바로 여기에 있다.

덕숭산 수덕사를 말하면서 또 하나 빼놓을 수 없는 인물이 바로 하엽 (荷葉, 1898~1971년) 스님이다. 하엽스님은 그의 필명인 김일엽(金一葉)으로 더 잘 알려진 인물이다.

하엽스님은 1898년 평남 용강에서 태어났다. 독실한 기독교 신자인 아버지 밑에서 20대까지 교회에 다녔다. 1904년 구세(救世)학교에 입학하고, 1912년 진남포 삼숭(三崇)보통학교 보습과(補習科, 일정한 과정을 마친 사람이 학력을 보충하기 위하여 교육을 더 받는 과정)를 수료했다. 이어 1915년 이화학당을 졸업하고, 1918년 이화전문학교를 졸업했다. 그뒤 일본에 유학하여 1920년 동경 닛산(日新)학교를 수료하고 귀국하여 『폐허(廢墟)』 동인으로 참가하면서 문필 활동을 했다. 우리나라 최초의 여성 잡지 『신여자(新女子)』를 간행하여 스스로 주간이 되었고, 이어 『동아일보』 문예부 기자로도 활약했다. 1925년 아현(阿峴)보통학교 교원이 되었고, 1927년부터 1932년까지 불교 종단 기관지 『불교(佛敎)』의 기자를 지냈다.

1928년 31세 때 금강산 서봉암(棲鳳庵)에서 성혜(性惠)를 은사로 득도하고, 주로 만공선사가 있던 수덕사에 머물며 수행정진했다. 1933년 수덕사 견성암의 입승(立繩, 절 안의 기강을 맡는 소임)을 지냈으며 1935년 표충사에서 성혜를 계사로 보살계(菩薩戒)와 구족계(具足戒)를 받았다. 1971년 수덕사 환희대에서 입적했다. 평생 동안 여성의 지유와 개방을 추구했으며 여성의 지위 향상을 위해 노력했다. 수상집으로 유명한 『청춘을 불사르고』(1962), 『청춘을 불사른 뒤』(1974) 등과 소설 「계시(啓示)」, 「자각(自覺)」 등을 남겼다.

지금도 하엽스님의 가풍을 이어받아 설립된 우리나라 최초의 비구니 선방 견성암에는 100여 명의 비구니들이 수도정진하고 있다. 하엽스님이 입적한 환희대 역시 비구니들이 머물며 정진하고 있다.

덕숭산에는 이들 암자 외에도 정혜사의 능인선원, 소림초당, 금선
대, 전월사, 선수암, 극락암, 운수암 등이 있다. 이들 암자에서는 지
금도 경허선사와 만공선사로부터 이어지는 혜암·벽초·일엽 등의 법
자(法子)·법손(法孫)들이 머물며 용맹정진하고 있다.

교구 본사 및 덕숭총림 승격 뒤의 중흥 불사

수덕사는 1962년 대한불교조계종 제7교구 본사로 승격되면서 비약
적으로 중흥된다. 본사 승격 이후 20여 년 동안은 오래된 당우를 해
체, 이건하고 새로운 당우를 건립하는 중흥 불사 시기였다. 뿐만 아니
라 1984년 덕숭총림 승격은 기존의 교구 본사로서의 위상에 종합수도
장의 역할까지 겸비하도록 만들었다. 강원(講院)·선원(禪院)·율원
(律院)·염불원(念佛院)을 갖추어야 비로소 종합수도장이라 할 수 있
지만 덕숭총림은 먼저 강원과 선원을 재정비함으로써 총림의 모습을
갖추기 시작했다.

총림 승격 뒤의 약 20여 년 역시 이전의 당우를 옮겨 짓고 새로운
당우를 건립하는 중흥 불사 시기였다.

이 시기를 연보로 정리해 보면 다음과 같다.

1962년―대한불교조계종 제7교구 본사로 승격.
　　　　　벽초 경선(碧超鏡禪)이 청련당 건립. 정혜사 축대 및 수덕사
　　　　　와 정혜사 사이 계단 석축 조성. 일주문 건립.
1965년―벽초가 정혜사 동쪽 언덕의 견성암을 수덕사 서편 산록의 현
　　　　　위치로 옮김. 서선당(西禪堂)과 요사 등 전각 건립.
1971년―원담(圓潭)이 석등 건립.
1972년―원담이 명부전(冥府殿)·범종각(梵鍾閣)·법고각(法鼓閣)·
　　　　　황하정루(黃河精樓) 신축. 그뒤 원담이 주지로 재임하면서 경

허 부도 조성. 『경허법어집』, 『만공법어집』 출판.

1984년—설정(雪靖)이 명부전 시왕(十王) 조각 조성. 황하정루 신축. 덕숭총림 승격. 초대 방장(方丈) 혜암 현문(慧菴玄門) 추대. 월송(月松) 선니(禪尼)가 환희대에 원통보전(圓通寶殿)과 보광당(普光堂) 난야(蘭若) 건립.

1985년—덕숭총림 2대 방장 벽초 경선 추대. 설정이 운수암 건립.

1986년—설정이 일본 아스카사(飛鳥寺)와 자매 결연. 덕숭총림 3대 방장 원담 진성(圓潭眞性) 추대.

1988년—법성(法城)이 황하정루 낙성.

1993년—법장(法長)이 백련당 · 청련당 보수.

1995닌—법장이 황하정루 해체 및 성보박물관 골조 공사.

1996년—법장이 대웅전 축대 개축. 황하정루 배면, 좌우측 축대 조성.

1996년—법장이 황하정루 이전 · 개축. 강원을 수덕사 승가대학으로 재편. 청련당 지하에 식당 신축.

1997년—법장이 황하정루 주변 석축 조경. 근역성보관(槿域聖寶官) 건립. 청련당 전면 축대 확장. 식당 신축. 견성암 개와 보수.

1998년—법장이 조인정사 이건. 노전(爐殿, 염화실)과 일주문, 매표소 건립과 안내판 설치.

1999년—법장이 만월당 · 사천왕문 · 금강보탑 건립. 서울 강남에 무불선원(無佛禪阮, 한국불교선학연구원) 설립.

2000년—금강문 건립. 무이당과 화소대 신축, 탑림공원 조성.

2001년—법장이 심우당 신축.

2002년—법장이 코끼리 석등 건립. 가산 지관(伽山智冠)이 지은 「선지종찰 덕숭산 덕숭총림 수덕사 사적비(禪之宗刹 德崇山 德崇叢林 修德寺 事蹟碑)」 건립.

2003년—법정(法定)이 포대화상 조성.

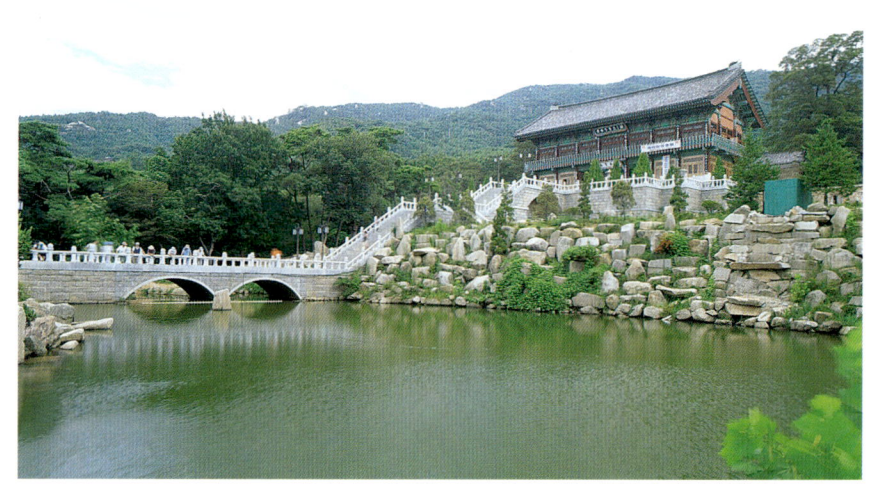

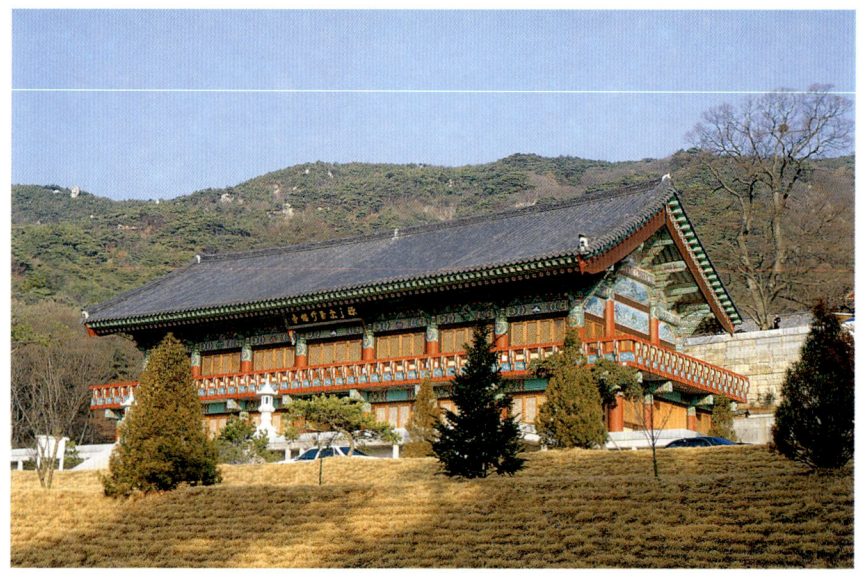

황하정루의 어제와 오늘 본사 승격 뒤 20여 년 동안은 중흥불사 시기였다. 사진은 입구
재공사 전(위)과 후(아래). 사진:김성철.

2004년 — 법정이 정혜사 능인선원 개축.

수덕사의 사적은 구전으로만 전해 내려올 뿐 정확한 기록이 거의 없다. 혜현법사가 주석한 뒤부터 대웅전이 새로 건립되기 이전, 곧 고려 충렬왕 34년 이전까지의 사적은 여러 연구에 의해 다시 채워져야 할 것이다. 현존하는 대부분의 자료들과 건축물들은 조선 후기부터 최근 것으로 이것을 통해 수덕사 1,400여 년의 역사를 재구성하기는 매우 어렵다. 더구나 현재의 수덕사에서는 최근 10년 전의 면모를 전혀 찾아볼 수 없다. 대웅전만이 중심에 틀어 앉아 있을 뿐 대다수의 건물들이 이건되거나 새로 건립되었다. 그러므로 수덕사 사적비가 건립되고 제대로 된 『수덕사지』가 만들어지기 위해서는 본격적인 연구 작업이 필요할 것이라 생각된다.

이제 수덕사는 새로운 역사를 준비하고 있다. 1999년에 설립된 한국불교선학연구원과 무불선원이 덕숭산에서부터 중흥된 한국 근·현대 선법을 세계를 향해 펼쳐 나아가는 도약대가 될 것을 기대해 본다. 지금까지 「선지종찰 덕숭산 덕숭총림 수덕사 사적비」 건립, 금강보탑 조성, 화소대 건립, 포대화상 조성, 코끼리 석등 건립 등을 마치고, 현재 진행중인 탑림공원 조성과 정혜사 능인선원 개축을 통해 화장문화의 회향과 인재 불사에도 아울러 박차를 가하는 수덕사의 가풍을 기대해 본다.

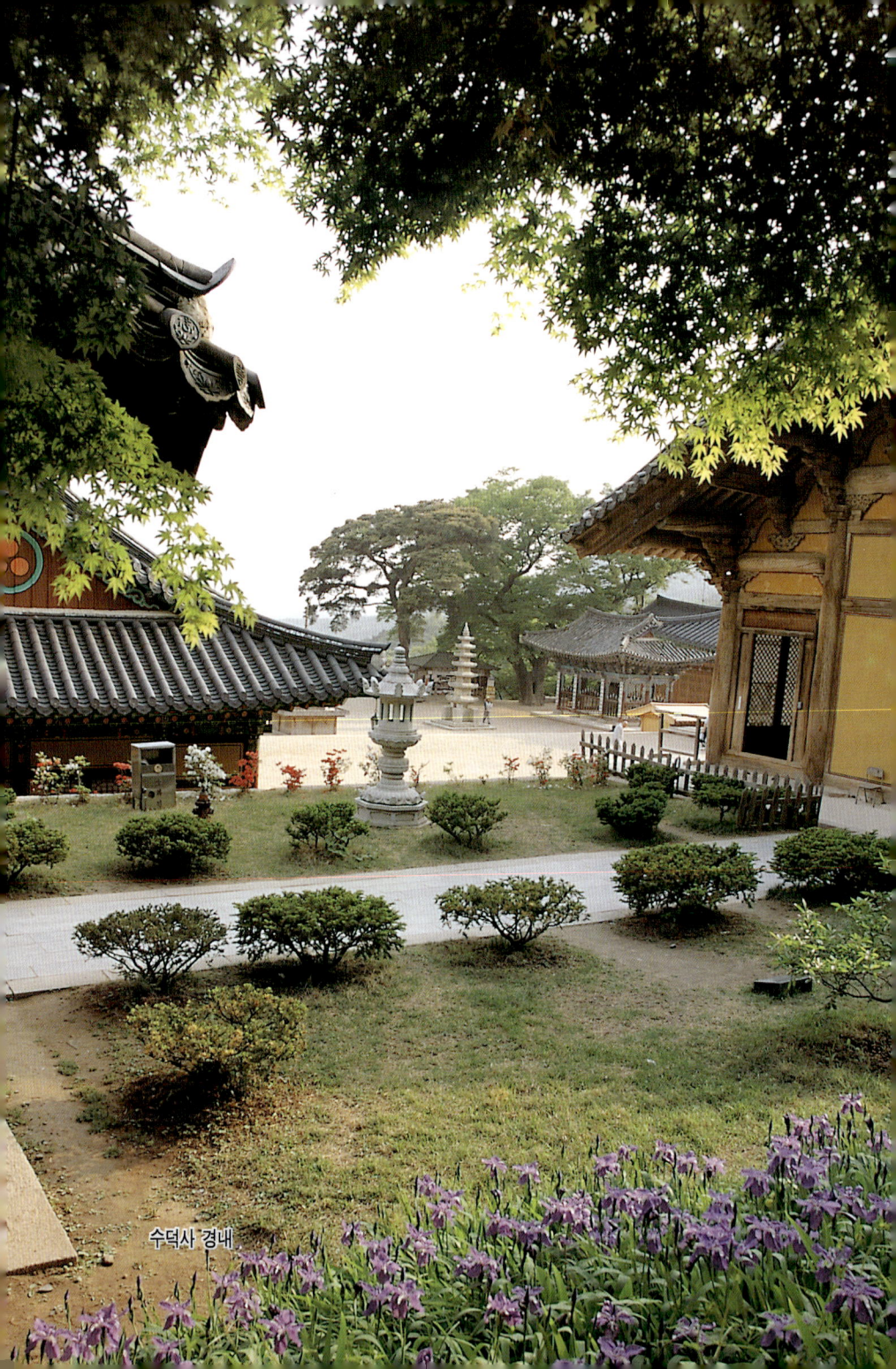

수덕사 경내

건축

수덕사의 가람 배치

수덕사는 덕숭산의 구릉을 따라 몇 단의 석축을 쌓고 입구에서부터 가장 중심 건물인 대웅전까지 크게 3개의 영역으로 배치된 전형적인 산지 가람이다.

현재의 건물들은 대웅전을 제외하고는 대부분 일제강점기부터 최근까지 조성된 것들이다. 또한 승가대학 설립이나 기타 사찰의 필요성에 의해 여러 전각들이 이건(移建)되거나 개축(改築)되어 원래 가람의 배치 모습을 찾아보기는 어렵다.

따라서 여기서는 경내 전각들의 배치에 따른 건축 양식이나 기법보다는 일반적으로 사찰 경내에 세워지는 전각들의 종류와 그 의미를 3개의 영역 곧 도입부, 전개부, 결말부로 나누어 살펴보고자 한다.

도입부

사찰의 입구인 일주문(一柱門)에서부터 금강문(金剛門), 사천왕문(四天王門)을 지나 황하정루(黃河精樓)에 이르는 영역으로, 거의 선형

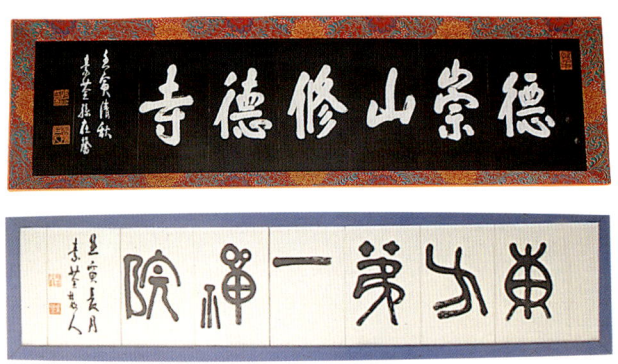

일주문 편액 동방제일선원 수덕사의 격을 나타내고 있다. 글씨는 소전 손재형이 썼다.

(線形)의 축을 이루며 건물들을 통과하게 된다.

일주문은 사찰의 경내에 들어서서 만나는 가장 첫번째 문으로 정면에서 볼 때 기둥이 좌우로 두 개만 세워지고 측면에서 볼 때 한 줄로 열을 이루고 있으며, 그 위로 공포와 지붕이 짜여지는 매우 독특한 형태의 건물이다. 일주문은 내부 공간을 가지지 않고 단지 문의 역할만 하고 있으며, 사찰이 속한 산문(山門)과 절 이름을 쓴 커다란 장방형의 편액(扁額)을 처마 밑에 달아 놓아 산사를 찾는 이들을 맞이한다.

일주문을 지나면 금강문과 사천왕문이 자리하고 있다. 이들 문에는 정면 3칸에 측면 1칸 또는 2칸의 규모로 내부 공간이 있다. 금강문은 좌우칸 내부에 금강역사상(金剛力士像)을 안치한 문이며, 사천왕문은 내부에 사천왕상〔四天王像, 수미산의 중턱에 있는 주신으로 동방은 지국천왕(持國天王), 남방은 증장천왕(增長天王), 서방은 광목천왕(廣目天王), 그리고 북방은 다문천왕(多聞天王)이 관장하여 악귀(惡鬼)를 다스린다〕을 안치하여 놓는다.

이와 같은 관문들은 주불전(主佛殿)인 대웅전에 이르는 도정(道程)

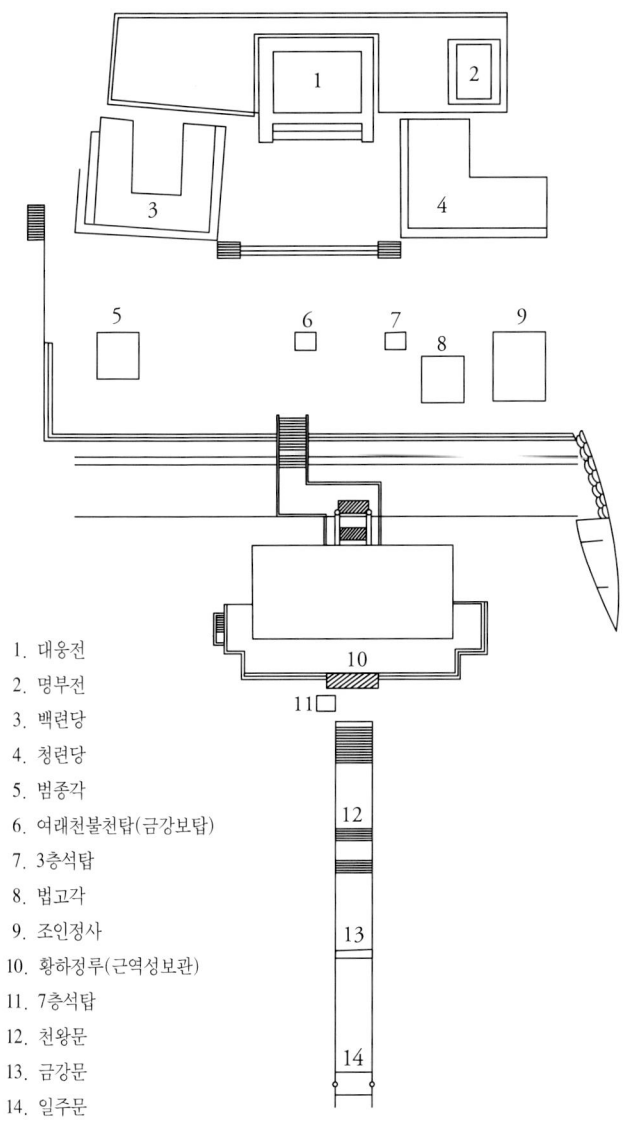

1. 대웅전
2. 명부전
3. 백련당
4. 청련당
5. 범종각
6. 여래천불천탑(금강보탑)
7. 3층석탑
8. 법고각
9. 조인정사
10. 황하정루(근역성보관)
11. 7층석탑
12. 천왕문
13. 금강문
14. 일주문

수덕사 가람 배치도

에서 인간의 모든 번뇌와 욕심, 그리고 악한 생각들을 정화시키는 상징적인 역할을 한다.

전개부

일주문에서 시작된 흐름을 연결시켜 주는 전개부는 황하정루에서 조인정사(祖印精舍)의 영역을 말한다.

일반적으로 산지 가람에서는 일주문부터 몇 개의 문을 지나 황하정루 앞에 이르기까지 선형의 직선축을 이루게 되고 이를 지나면 넓게 트인 주불전의 앞마당이 나타나게 된다. 이곳 수덕사의 가람 배치는 80년대 이후 여러 번 개축과 이건을 거치면서 원래의 모습이 바뀌어져 아쉬움을 남게 한다.

앞뜰(前庭)을 중심으로 주불전을 마주하고 있는 황하정루는 경내에서 행하는 제반 의식의 집전 장소로서 기능적 역할을 수행하는 곳이다. 수덕사 황하정루는 1988년에 증축되고 1996년에 대웅전과 마주하고 있던 원래의 위치에서 한 단 아래 영역으로 이건, 개축되었다. 현재 이 누각의 지하에는 박물관인 근역성보관(槿域聖寶館)이 있고 지상 1층은 박물관 사무실로, 2층은 강당으로 사용하고 있다.

청련당 좌측 아래에 위치한 조인정사는 부처님의 혜맥(慧脈)을 판단하는 곳이라는 뜻으로 1916년에 만공선사가 건립한 건물이다. 당시에는 대웅전 정면에 위치하고 있었으나 최근에 법장스님이 보수하고자 해체하여 보니 그 자리에서 옛 탑의 좌대가 발굴되어 1998년에 현재 위치로 이건하고 수덕사 승가대학 건물로 사용하고 있다.

그 밖에 전개부에는 법고각(法鼓閣)과 범종각(梵鍾閣)이 있다. 불교에서는 사물(四物)이라 칭하는 범종(梵鍾), 법고(法鼓), 목어(木魚), 그리고 운판(雲板)이 있는데, 이 가운데 비교적 규모가 큰 법고와 목어는 법고각에, 그리고 범종은 범종각에 봉안한다. 이러한 법고각과 범종각은 삼국시대 황룡사터 유적에도 나타나 있어 그 시원(始原)이 매우 오래되었음을 알 수 있다. 사물 가운데 법고는 축생의 무리를 향하여, 운판은 하늘을 나는 생명을 향하여, 목어는 물 속의 생명에게 그리고 범종은 일체 중생에게 소리를 보낸다는 상징적 의미를 가지고 있다. 곧 소리를 통하여 부처님의 진리를 일체 중생에게 전파하고 모든 번뇌로 부터 벗어나 깨달음을 얻어 해탈성불하고자 하는 교화적 염원에 그 의미를 두고 있다. 범종각과 법고각의 영역 안에는 3층석탑과 7층석탑이 서로 마주하고 있었으나 지금은 황하정루 앞으로 옮겨져 있다. 3층석탑은 통일신라시대의 양식을 한 고려 초기의 석탑으로 추정되며, 7층석탑은 1930년 당시 수덕사 주지였던 만공선사가 건립한 것으로 기단부가 없이 탑신과 옥개석으로 이루어진 독특한 형태이다.

결말부

결말부는 사찰 경내의 가장 중심 공간인 대웅전 영역으로 명부전과 청련당, 백련당을 포함하고 있다.

명부전은 내부에 지옥중생을 구제하고 이고득락(離苦得樂)을 중재하는 지장보살(地藏菩薩)을 주존으로 안치하고 유명계(幽冥界)의 판관(判官)인 시왕(十王)이 봉안되는 것이 일반적이다. 수덕사 명부전은 대웅전의 우측에 위치한 정면 3칸, 측면 2칸의 익공계의 맞배지붕 건물로, 1972년 원담스님에 의해 신축되었고 1984년 목조시왕상을 조각하여 안치하였다.

백련당, 청련당은 중정(中庭)을 중심으로 대웅전 좌우측에 서로 마주보며 위치한 건물로 대중스님들이 수행하며 생활하는 주된 공간이다. 이 두 건물은 1993년 개축되면서 현재의 모습을 이루게 되었는데 중정쪽으로 정연하게 창호가 나 있고 지붕의 합각부를 형성한 대칭 형태를 이루고 있다.

수덕사의 가람 배치

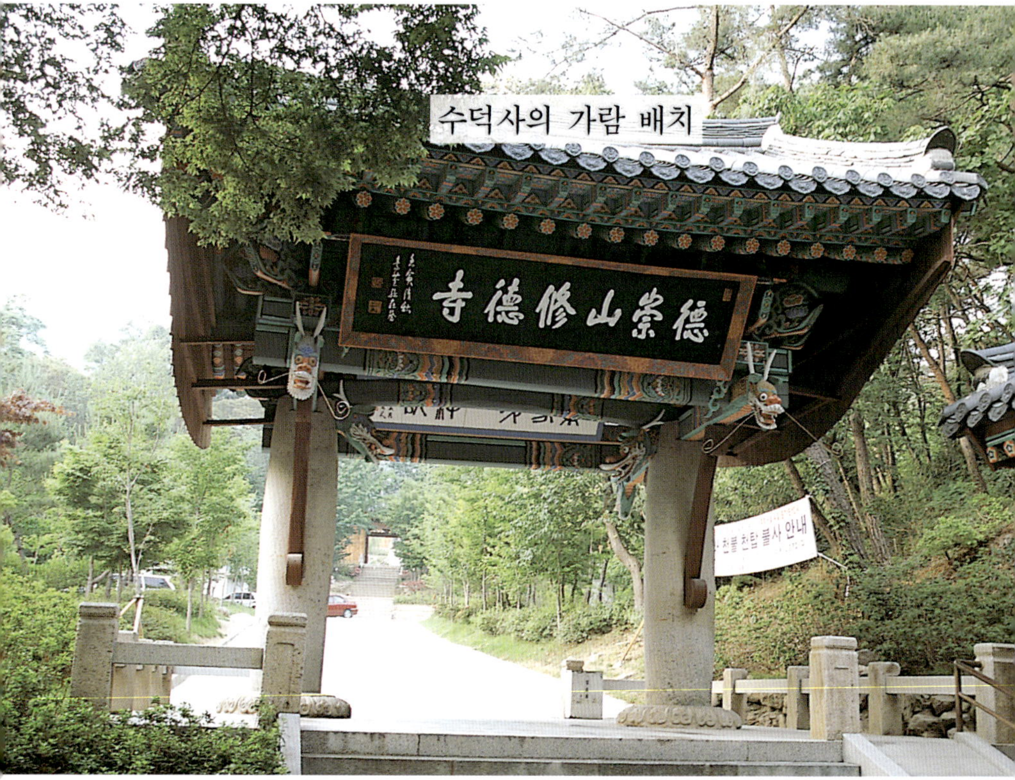

德崇山修德寺

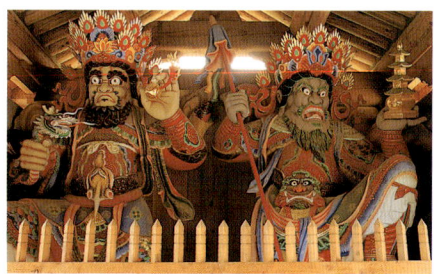

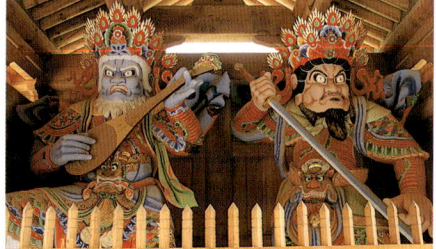

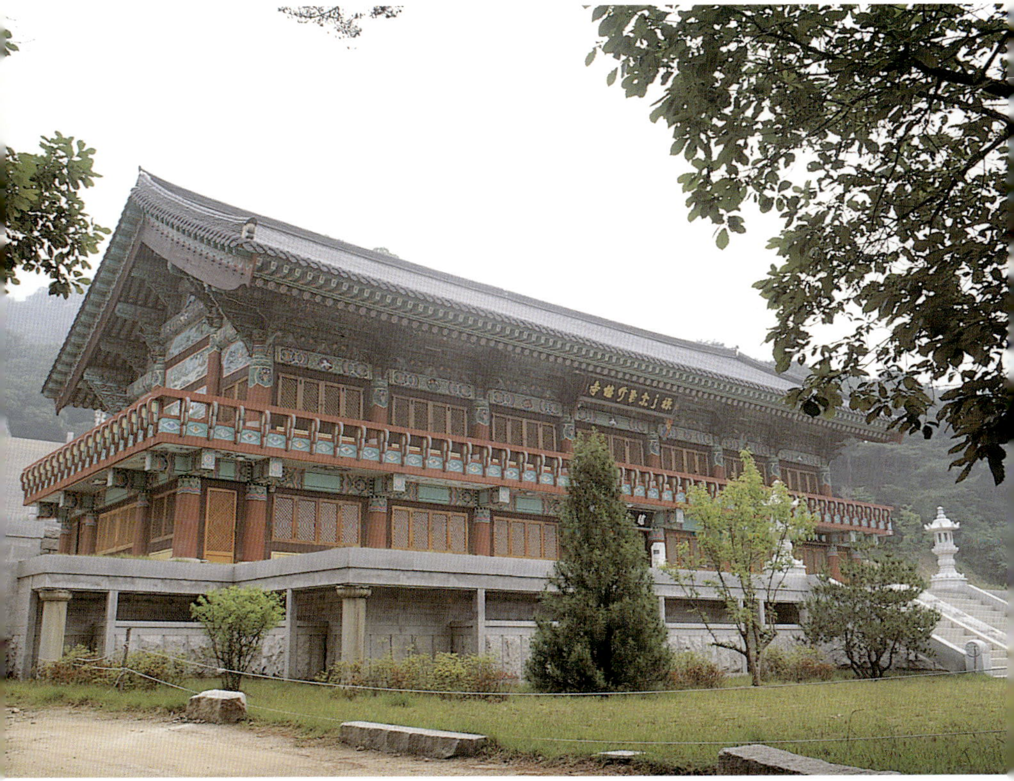

일주문(옆면 위) 이와 같은 관문들은 주불전에 이르는 길에서 인간의 모든 번뇌와 욕심, 그리고 악한 생각들을 정화시키는 상징이 된다.

사천왕상(옆면 아래) 수미산 중턱에 머물며 동서남북 사방을 지키고 불법을 수호하는 네 명의 대천왕상이다.

황하정루(위) 경내에서 행하는 제반 의식의 집전 장소로, 지하에는 박물관인 근역성보관이 있고 1층은 박물관 사무실로, 2층은 강당으로 사용하고 있다.

덕숭산 올라가는 길(오른쪽)

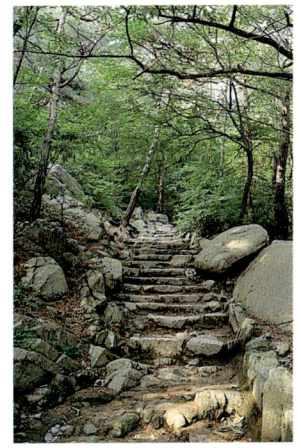

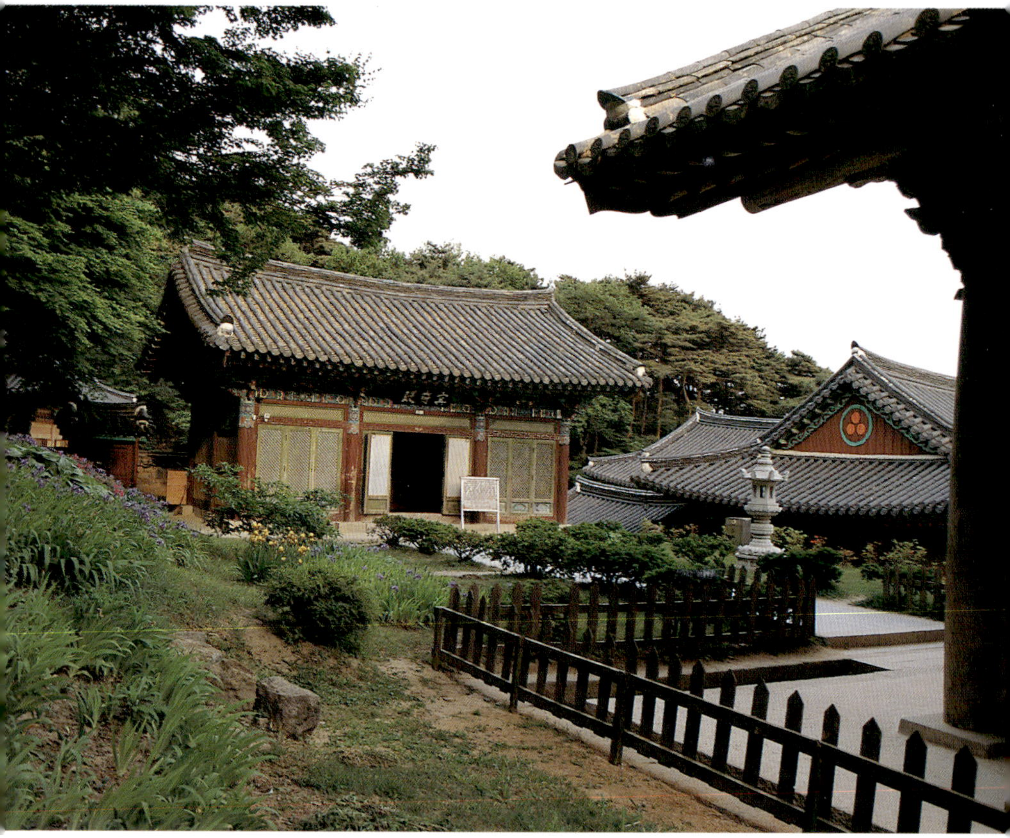

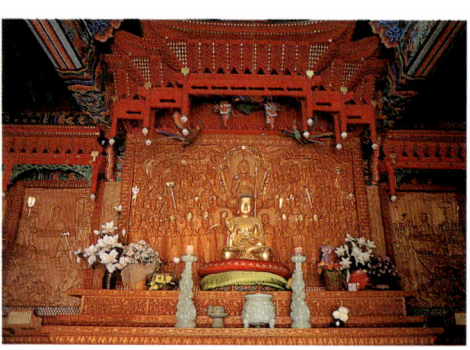

명부전 지장보살을 모신 전각으로 지옥 중생의 천도와 영가의 극락왕생을 기원한다(위, 왼쪽).

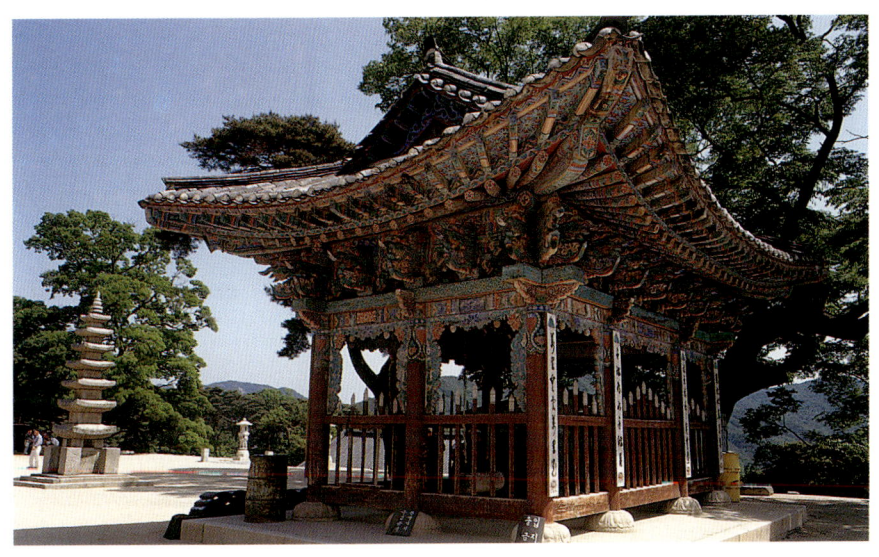

범종각 범종을 보관한 곳으로 1973년에 건축되었다.

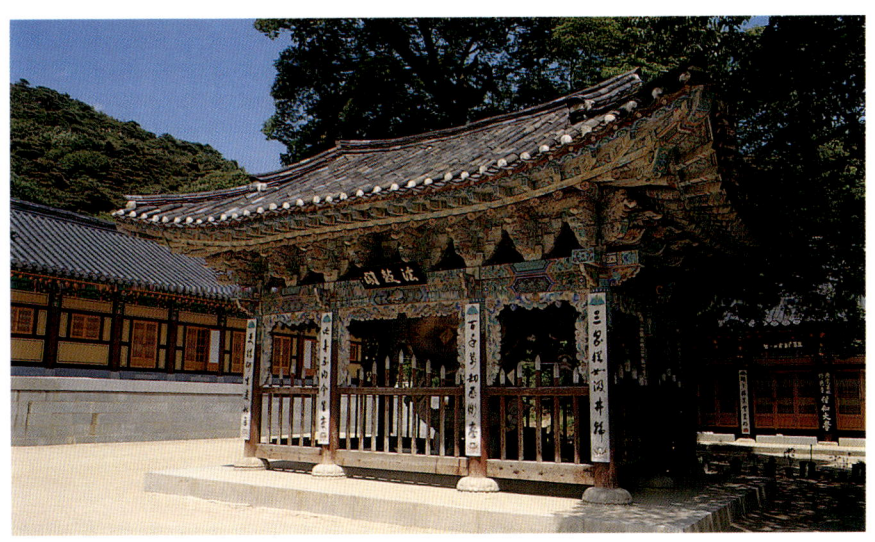

법고각 사물 가운데 목어 · 운판 · 법고가 봉안되어 있다.

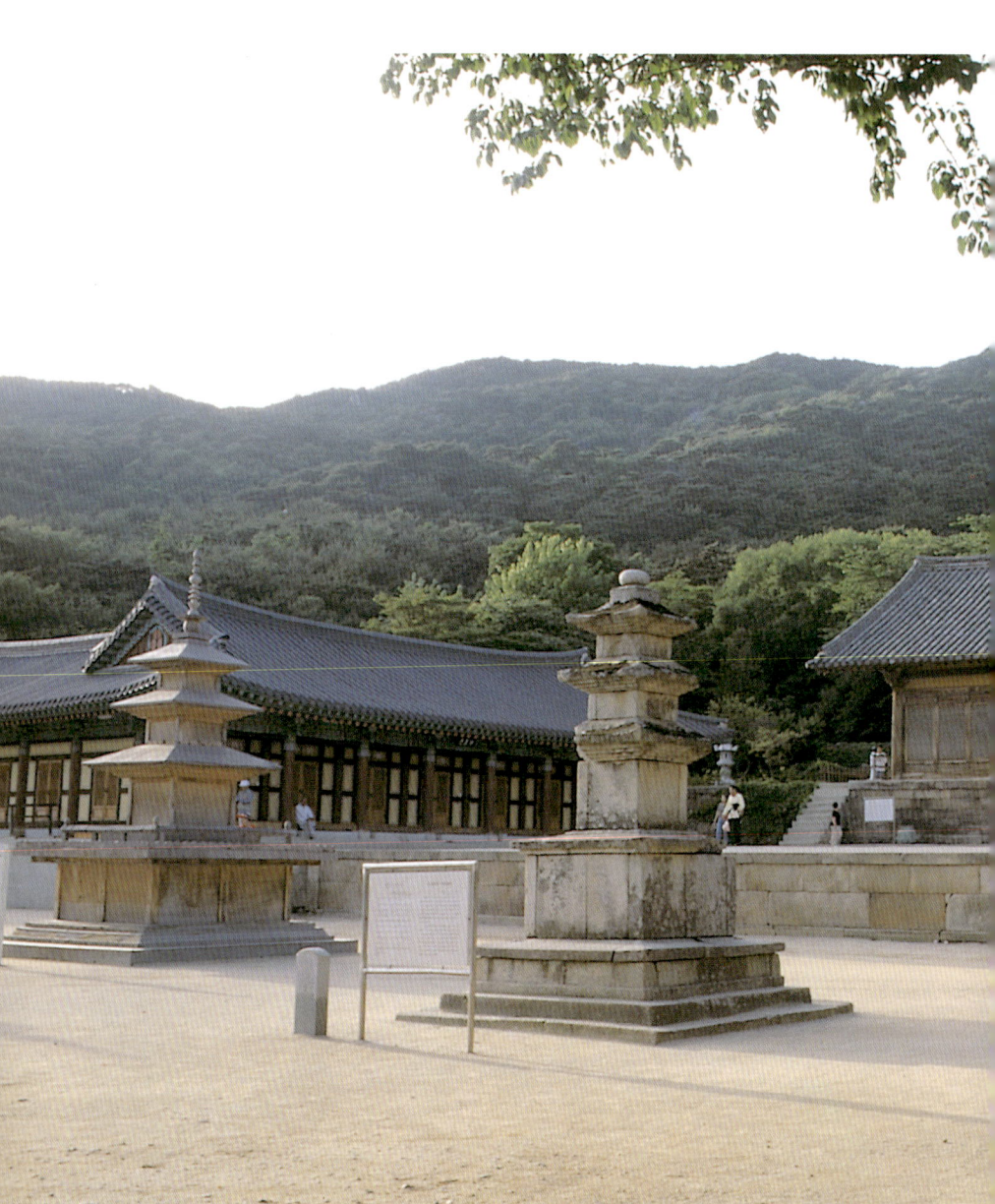

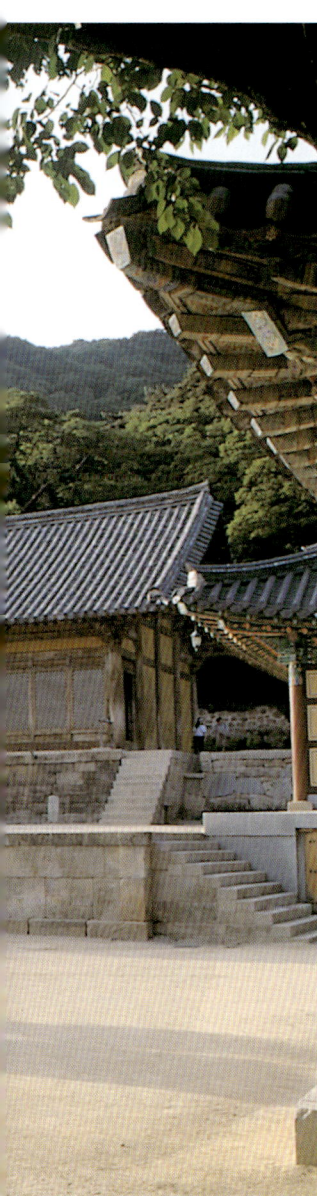

대웅전 앞뜰(왼쪽) 3층석탑과 7층석탑이 서로 마주하고 있었으나 지금은 황하정루 앞으로 옮겨져 있다.

청련당과 백련당 스님들이 거처하는 요사로 대웅전을 중심으로 보면 청련당(위)은 좌청룡에, 백련당(아래)은 우백호에 해당한다.

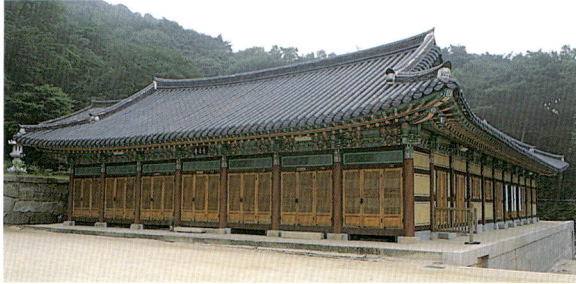

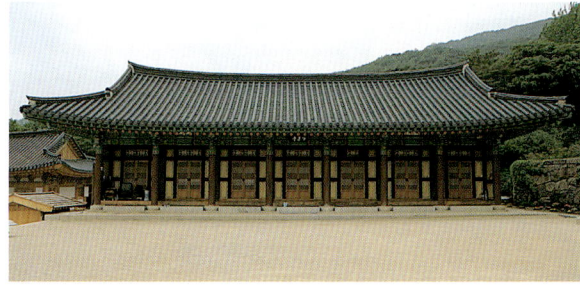

수덕사 대웅전

한국 전통 건축 가운데 남한에 남아 있는 가장 오랜 목조 건축물은 모두 다섯 동(棟)으로 고려시대에 건립된 것으로 알려져 있다. 그 가운데 가장 오래된 것이 안동 봉정사 극락전인데 이 건물은 12세기 전반이나 그 이전에 건립된 통일신라의 건축 양식을 나타낸다. 영주 부석사 무량수전은 1376년(우왕 2)에 중수된 것으로 최소한 그 이전 시대의 건축 기술 및 기법이 표현되었다. 그 다음해인 1377년에 부석사의 조사당이 재건되었다. 한편 강릉에 있는 객사문(客舍門)은 정확한 건립 연대는 알 수 없으나 고려 후기의 건축 기술을 보여 주는 중요한 건축 유물이다.

앞의 네 동의 건물은 객관적인 건립 연대를 알 수 없고 또한 중수·재건된 건물이기 때문에 그 당시의 건축 상황을 파악할 수 있는 명확한 기준이 없다. 이에 반해 수덕사 대웅전은 건립 연대와 보수 시기가 명확하여 당대 건축 양식이나 기법을 추정하는 데 있어 매우 중요한 건물이라 할 수 있다.

이 건물은 일제강점기인 1937년에 건물이 퇴락되어 해체·수리하였다고 하는데, 그 당시 장여[長舌, 도리를 받치는 단면 각재]와 화반(花盤, 창방 위의 포벽 중간에 얹어서 주심도리 및 장여를 받는 초각한 부재)의 밑둥에서 발견된 묵서명을 통해 이 건물이 1308년에 건립되었으며 그뒤 조선시대에 몇 차례 보수한 것이 밝혀졌다. 따라서 수덕사 대웅전은 고려 후기의 사찰 건축의 양식을 대변하는 대표적인 건축물이라 할 수 있으며, 조선시대와 근대에 이르기까지 약 200여 년을 단위로 보수가 이루어져 왔음을 알 수 있게 되었다.

물론 이들 다섯 동의 건물만 가지고 고려시대의 건축 양식을 규정짓는 것은 불가능하다. 그러나 이 다섯 동의 건물들은 최소한 그 시대를

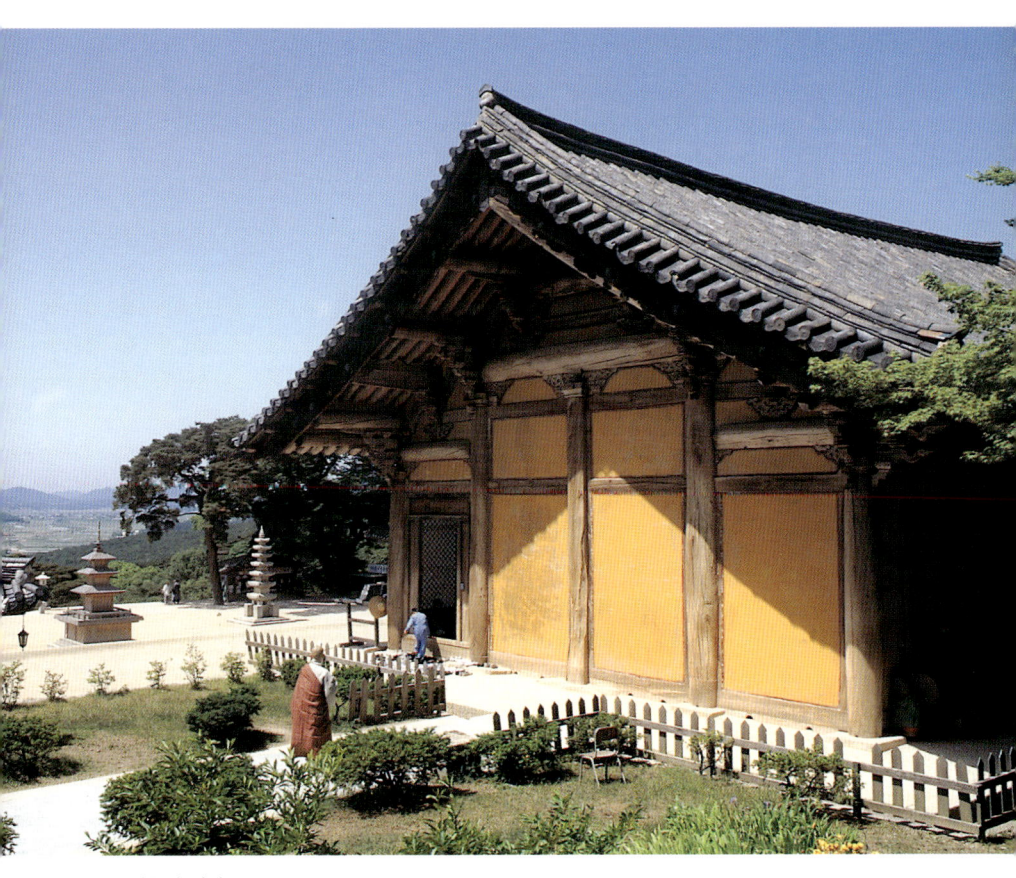

대웅전 일곽

전후한 시기의 건축 기법이나 기술적인 분석, 그리고 전후 관계의 추
정을 가능하게 하는 귀중한 유구(遺構)인 것은 확실하다.

　이제 수덕사 대웅전을 바닥에서부터 지붕에 이르기까지 살펴본 뒤
고려시대에 건립된 다른 사찰의 전각과 비교하여 이 건축물이 가지는
구조적, 의장적 의미와 건축사적 의의를 생각해 보고자 한다.

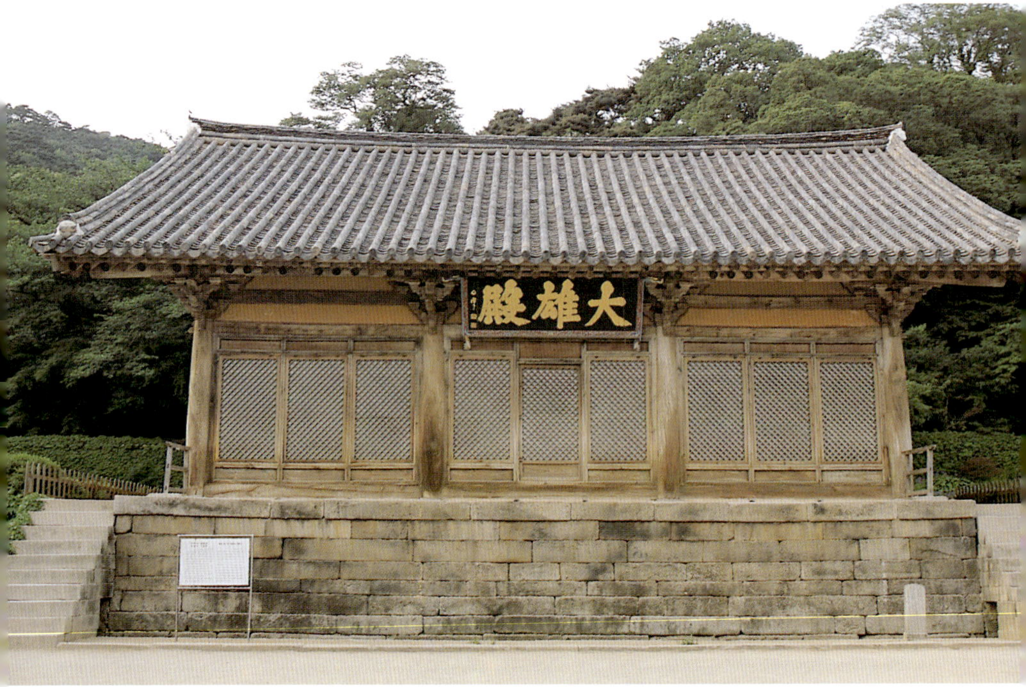

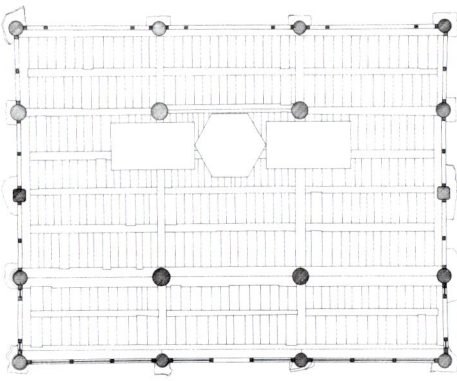

수덕사 대웅전(위)　고려 후기 사찰 건축
양식의 대표적인 건축물로 약 200여 년을
단위로 보수가 이루어졌다.
대웅전 평면도(왼쪽)

대웅전의 공간 구성

건물은 정면 3칸, 측면 4칸으로 주칸의 수가 정면보다 측면이 더 많게 설정되어 있다. 그러나 실질적인 길이인 기둥 사이의 간격은 측면보다 정면이 더 크게 나타나 전체적으로 정면과 측면의 전체 길이의 비가 약 1.3대 1인 장방형의 평면 구성을 이루고 있다.

정면의 3칸 가운데 중앙칸을 어간(御間), 그리고 중앙칸 좌우의 칸을 협간(夾間)이라고 하는데, 일반적으로 중앙칸이 협간의 길이와 같거나 큰 것이 보통이지만, 수덕사 대웅전의 중앙칸은 그 기둥 간격이 오히려 협간보다 약 6센티미터 정도 작게 설정되어 있는 것이 독특하다.

내부에는 정면 중앙칸과 측면 전후칸의 기둥 열에 맞추어 내진고주(內陣高柱)가 앞뒤 양쪽으로 각각 두 구씩 놓여 있다. 따라서 대웅전은 동서남북으로 모두 대칭이 되는 구심형의 평면으로 계획되었음을 알 수 있다. 그러나 이에 반해 불단은 내진(內陣) 뒤쪽의 양쪽 기둥을 배경으로 하여 중앙에서 뒤쪽으로 물러나게 놓여져 예불 의식을 위한 불단 배치임을 짐작하게 한다. 그러나 이 불단이 대웅전의 건립 당시에 놓인 것인지는 명확하지 않다. 왜냐하면 현재의 불단은 실측 도면(『국보·보물 축소도면집』, 국립문화재연구소, 1992년)을 보면 좌대받침석 없이 마루 위에 얹혀 있어 이 마루가 후대에 짜여진 것으로 보는 견해가 있기 때문이다.

대웅전 건축 구조 및 의장

기단   앞면에는 석축(石築) 겸 기단(基壇)을 장대석(長臺石, 길게 다듬어 만든 돌)으로 7단을 쌓은 다음 그 위로 갑석(甲石, 돌 위에 뚜껑처럼 포개어 얹은 납작한 돌) 한 단을 약간 내밀어 쌓아 전체 높이가 약 300센티미터 정도 되도록 높직하게 구축하였으며, 뒷면은 2단쌓기로 하고 계단은 석축의 양단부 모두 난간석이나 계단 소맷돌이 없이 10단

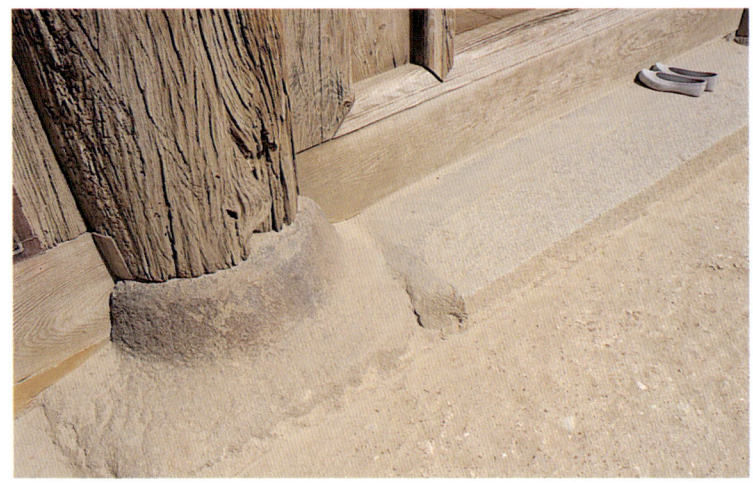

대웅전 초석(위)**과 기단석**(오른쪽)   초석은 대부분 자연석 주초를 사용하였으나 대웅전 정면 열의 초석들은 주좌를 돋음하여 사용하였고, 기단석은 장대석을 곱게 다듬어 깐 다듬돌 바른층쌓기를 하였다.

의 디딤돌만을 놓아 가파른 경사가 되도록 설치하였다.

　기단석은 평균 길이가 120센티미터에서 긴 것은 약 240센티미터에 이르는 장대석으로, 곱게 다듬어 깐 다듬돌 바른층쌓기를 하였다. 기단석은 모두 같은 크기이며, 다듬지 않은 것은 벽돌쌓기와 같은 획일적인 기하학 형태는 피하되 정돈된 자연스러움을 표현하고자 했던 옛 장인들의 생각이 깃들어 있음을 볼 수 있다.

　초석　　초석(礎石)은 대부분 자연석 주초(柱礎, 기둥 밑에 괴는 물건)를 사용하였으나 대웅전 정면 열의 초석들은 기둥이 놓이는 자리에 주좌(柱座, 주초 윗면에 기둥을 받치는 부분을 약간 높게 새긴 자리)를 돋음하여 정교하게 가공하였다. 형태는 정방형, 장방형, 그리고 가공하지 않은 형태로 구분되며, 초석은 평기둥[平柱]나 귀기둥[우주, 隅柱]에 상관없이 기둥 지름의 약 1.5배 되는 크기를 골라서 사용하였다.

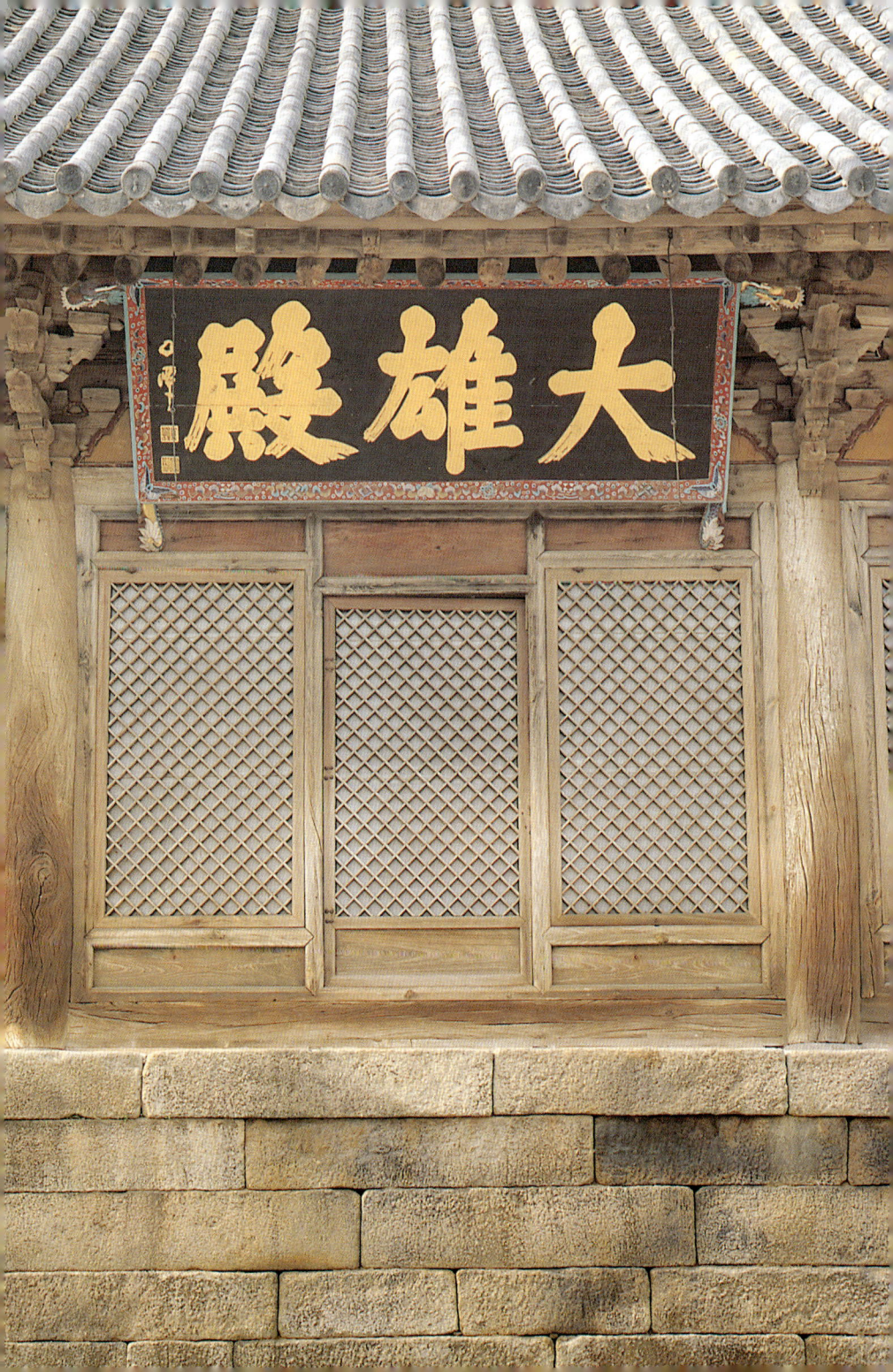

특이한 것은 좌우 측면 중앙의 사각기둥을 받치는 초석이 다른 초석에 비해 약 2배 정도 더 크며 주좌 없이 기둥의 하단을 초석 상단의 형태에 맞추어 그렝이질(맞닿는 두 부재의 단면이 일치하지 않을 때 한 부재의 면을 다른 한 부재의 면에 일치하도록 가공하는 일)하여 받치고 있다는 점이다. 이는 측면 중앙의 기둥이 가장 하중(荷重)을 많이 받는 대들보의 중심을 받치므로, 초석의 크기를 일반 크기보다 여유있게 만들어 내려앉는 것을 방지하고자 한 것으로 이해된다. 이와 같이 고려시대 초석의 형태는 삼국시대와 통일신라시대의 정교한 가공과 달리 자연 형태를 그대로 취하여 쓰는 특징이 공통적으로 나타난다.

기둥   전통 목조 건축에서 기둥은 그 놓이는 위치에 따라 평기둥, 귀기둥, 내진기둥으로, 길이에 따라 평기둥과 고주(高柱)로 구분하고, 그 단면 형태에 따라 두리기둥(원주, 圓柱)과 각기둥(방주, 方柱)으로 구분한다.

기둥은 대체로 아래에서 위로 올라가면서 그 지름이 커지다가 전체 높이의 약 $\frac{1}{3}$ 정도 되는 지점에서부터 위로 올라가면서 서서히 지름이 좁아져 마치 항아리와 같은 모습을 하게 되는데 이를 배흘림 기법이라고 한다. 이는 구조적인 의미보다는 시각적으로 건물을 안정감 있게 보이게 하려고 했던 것으로, 고대 그리스나 로마에서 신전 건축물의 기둥에 나타나는 엔타시스(entasis) 기법과 그 맥을 같이한다고 말할 수 있다. 수덕사 대웅전의 기둥은 현존하는 목조 건축물 가운데 강릉 객사문에 이어 두 번째로 뚜렷한 배흘림 기법이 사용된 것으로 알려져 있다.

또한 수덕사 대웅전은 귀기둥을 평기둥보다 약 45센티미터 가량 더 높게 귀솟음을 주어 양끝의 기둥이 처져 보이는 착시 현상을 교정하고자 하였음을 알 수 있다. 이 밖에 기둥에 의해 나타나는 의장적 기법으로 안쏠림 기법이 있는데, 이 건물에서는 정면과 측면에서 일정하게 배열된 기둥의 하단을 약 30센티미터 정도 밖으로 내밀고 있는 것이 확인

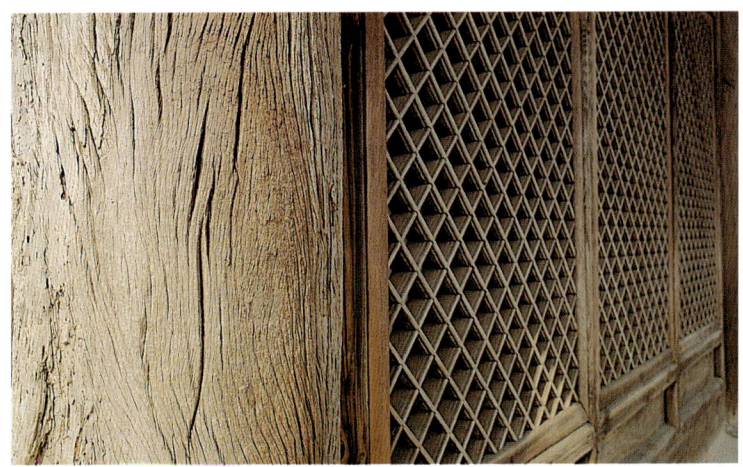

대웅전 기둥과 창호 전통 목조 건축의 대표적 의장 기법인 배흘림 · 귀솟음 · 안쏠림 기법이 기둥에 사용되었으며, 창틀은 전체로 연귀맞춤하여 한 틀로 짜 맞추는 고식 구성을 보인다.

된다. 따라서 귀기둥의 머리는 평면 중심 방향으로 약간 경사지게 된다. 이 안쏠림 기법은 귀솟음, 배흘림과 함께 목조 전통 건축에서 연출되는 기둥의 대표적인 의장 기법이라 할 수 있다.

창호　수덕사 대웅전의 정면 3칸 각 칸에는 세 짝의 빗살창을, 양측면에는 각 1매씩의 외짝출입문을 설치하였다. 또 뒷면에는 원래 각 칸마다 두 짝의 널문을 달았던 흔적이 보이나 현재는 뒷면 중앙칸에만 2분합의 판문을 달았고 양 협간에는 문틀만 남긴 채 회벽으로 막아 놓았다.

정면의 창호(窓戶)는 교살창(交箭窓) 위아래로 머름판(문지방 아래나 벽 아래 중방에 다는 널 조각)을 두고 각 칸에 세 짝씩 설치하였는데 중앙칸의 중앙문 한 짝만이 안쪽으로 열고 닫을 수 있으며, 나머지는 모두 윗단에 경첩(문의 몸체와 문판을 연결해서 문을 여닫는 기능의 장석)

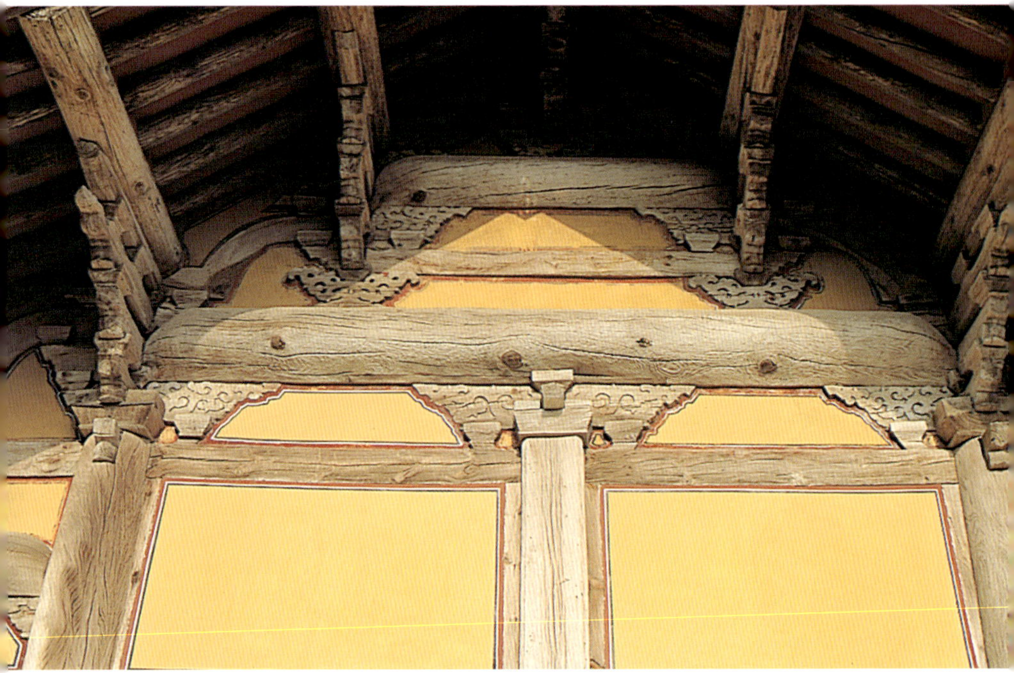

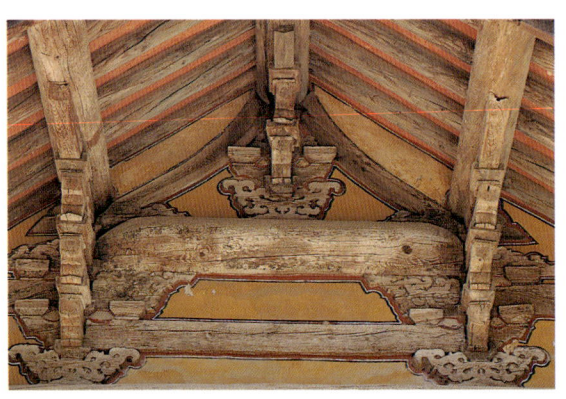

대웅전 측면 가구 및 공포 공포
는 지붕의 무게를 기둥으로 적절
하게 전달해 주는 지지대 역할을
하며, 역학적 원리에 의해 중첩
되는 부재들의 의장적 효과를 가
장 잘 보여 주는 부분이다.

이 달린 들어열개창으로 되어 있다. 이는 정면 중앙칸만이 출입용이고 나머지 칸의 창들은 모두 출입보다는 조망과 채광의 용도로 사용되었음을 보여 준다. 특히 창틀 전체를 연귀맞춤(단면을 서로 엇비껴 깎아 맞추는 것)하여 한 틀로 짜 맞추어 설치한 것은 부석사 무량수전의 전면 창호와 같은 고식(古式) 구성으로 시대적인 특징이 보인다.

공포   기둥머리에서 처마 밑까지 서까래가 나간 방향으로 삐죽하게 내민 복잡하게 생긴 부재들이 있다. 이를 잘 구분해 보면 두 개의 방향성을 가지며 유사한 형태로 분류할 수 있다. 이렇게 기둥머리에서 도리 아래까지 여러 형태의 부재들의 조합 부분을 공포(栱包)라고 한다.

공포는 처마를 길게 내밀게 하기 위한 역학적 장치의 하나로 지붕의 무게를 기둥으로 적절하게 전달해 주는 지지대 역할을 하며, 또한 역학적 원리에 의해 중첩되는 부재들의 의장적인 효과를 가장 잘 나타내는 부분이 된다. 공포는 고구려의 고분 벽화나 『삼국사기(三國史記)』「옥사(屋舍)」조에 나오는 공아(栱牙)와 화두아(花斗牙)라는 명칭에서 알 수 있듯이 이미 삼국시대에 상류 주택이나 궁궐, 또는 사찰 등 격식을 높이고 권위를 나타내고자 했던 건축물에서 널리 사용되었다.

공포를 구성하는 부재는 주두(柱頭)와 소로(小累), 그리고 첨차(檐遮, 주두 또는 소로에 얹혀 도리 방향 또는 그와 직각으로 교차하여 십자맞춤을 하는 부재)로 크게 나눌 수 있으며, 이들이 놓이는 위치와 방향, 그리고 형태 및 역할에 따라 다시 평주두와 굽주두, 이갈소로와 사갈소로, 그리고 헛첨차와 행공첨차, 살미첨차 등으로 나누어진다.

기둥과 기둥 사이는 기둥머리를 파내고 그 자리에 길다란 장방형의 가로 부재를 놓아 서로를 연결시키는데 이 부재를 창방(昌枋)이라고 한다. 그 위 기둥의 윗면에는 마치 대접처럼 생긴 부재가 놓이는데 이를 주두라 한다. 또 주두는 운두와 굽, 그리고 굽받침으로 나누어지는데, 운두는 주두 상단을 두 방향으로 직교하여 파낸 부분이고 굽은 밑

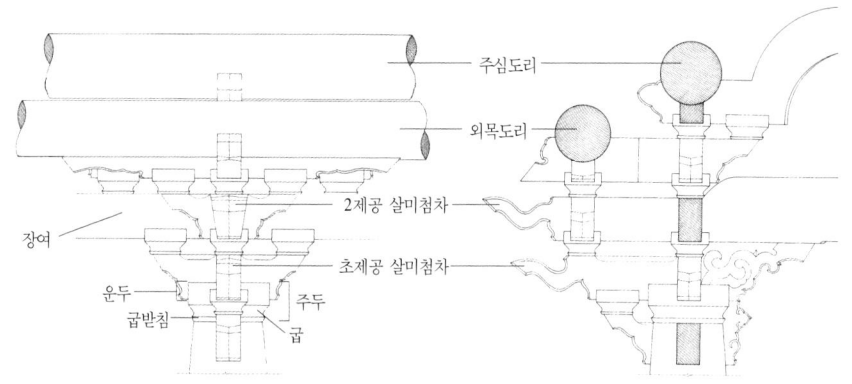

주심도리

외목도리

2제공 살미첨차

장여

초제공 살미첨차

운두

굽받침

주두

굽

대웅전 공포 상세도

으로 내려가면서 좁아지는 부분, 굽받침은 굽을 받치는 접시 모양의
부분을 말한다.

　주두는 시대에 따라 그 형태가 달라지는데, 고구려 고분 벽화에 나오
는 주두는 대부분 굽이 안쪽으로 휘어진 곡선을 그리며 굽받침이 있다.
현존하는 고려시대 건축물은 봉정사 극락전을 제외하면 수덕사 대웅전
과 같이 주두의 형태가 안쪽으로 곡선을 그리는 굽과 굽받침을 가지고
있다. 그러나 조선시대 건축물의 주두에서는 굽받침이 없어지며 또한
굽도 직선으로 경사지게 잘라지는 모습을 가지게 된다. 이러한 변화는
주심포(柱心包, 기둥 위에만 공포가 놓이는 형식) 계열 건축과 다포(多
包, 기둥과 기둥 사이에 가로형 부재인 창방과 평방을 놓고 그 위에 몇 구
의 공포를 놓는 형식) 계열 건축의 구조적이고 의장적인 차이에서 나타
나는 현상으로 이해된다.

　목조 건축에 있어서 처마는 벽체나 창호가 빗물이나 직사광선으로부
터 직접적인 피해를 받는 것을 보호해 주는 역할을 하기 때문에, 처마
를 얼마나 길게 내미는가 하는 것은 건물의 수명에 있어서 매우 중요하

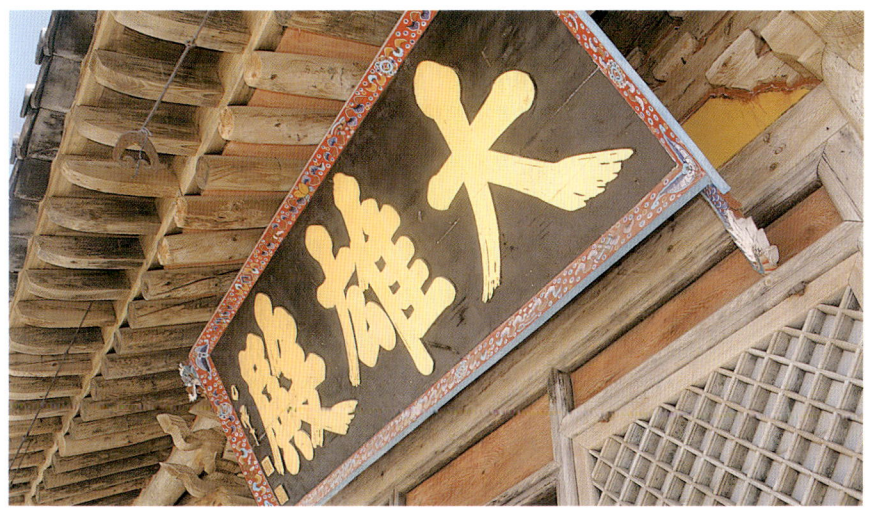

대웅전 처마 처마는 벽체나 창호가 빗물이나 직사광선으로부터 직접적인 피해를 받는 것을 보호해 주는 역할을 한다.

다. 그러나 처마를 일정한 길이 이상 내밀게 되면 그 무게중심이 서까래의 끝부분에 집중되어 서까래가 처지거나 부러지는 현상이 나타나게 된다. 이를 해결하기 위한 방법의 하나가 바로 출목(出目)이라는 것으로, 축부(軸部) 곧 기둥의 중심에서 외부로 일정 공간을 두고 외목도리(外目道里)가 놓이며, 이를 받치는 도리 방향의 첨자가 몇 단으로 이루어지느냐에 따라 출목의 수가 결정된다. 서까래를 포함한 지붕의 무게는 주심도리(柱心道里)와 외목도리 등을 통하여 공포 부재로 이어지고, 이는 기둥을 통하여 지반에 전달된다.

출목의 길이가 길어질수록 하중의 부담은 많아지고 이에 따라 처짐도 강하게 나타나게 되는데 이러한 현상을 방지하기 위해 고안된 부재가 헛첨차이다. 헛첨차는 그 생긴 형태가 일반 첨차와 같으나 그 기능은 주두 위에 서까래 방향으로 놓인 살미첨차의 아랫부분을 받쳐 그 무게를 기둥으로 직접 전달시켜 주는, 마치 가새(네모 구조로 된 구조부의 변형을 방지하기 위하여 그 대각선상으로 건너지르는 보강재)와 같은 역할을 하는 부재라 할 수 있다. 이 부재로 인하여 출목이 외부로 더 길게 빠져나갈 수 있게 되었으며, 조선시대에 들어와 익공식[翼工式, 기둥 위 밖으로는 쇠서의 형태로, 안으로는 보아지(기둥머리 또는 주두에 끼워 보의 짜임새를 보강하는 짧은 부재)의 역할을 하는 하나의 부재를 기둥머리에 맞물리게 끼우고 그 위에 주두, 두공과 쇠서를 짜서 공포를 꾸미는 형식)이라고 하는 독특한 공포 형식을 만들 수 있다.

이와 같이 공포는 주두와 소로, 그리고 첨차에 의하여 합리적으로 짜여져서 그 상부 곧 지붕의 하중을 받아 기둥으로 전달하는 역할을 하며, 중첩되는 공포 구성 부재의 의장적 역할을 한다.

앞에서 언급했듯이 수덕사 대웅전의 주두와 소로의 굽은 안쪽으로 휘어진 곡선을 이루고 있으며 굽받침을 갖고 있다. 이렇게 주두나 소로에 굽받침이 있는 것은 고구려 고분 벽화에서 볼 수 있고, 또 백제 건축의 영향을 받아 세워졌다는 일본의 법륭사 금당이나 5층탑 등에서 실제로 볼 수 있는 고식 형식이다. 또 기둥 윗몸에 놓인 창방과 직각 방향으로 헛첨차를 끼워 주두 위에 놓인 살미첨차를 받치고 있으며 제공(공포의 첨차와 살미가 층층이 짜여진 것)의 끝부분 위에 짧은 장여를 놓아 외목도리를 받치게 하였는데 주심도리는 짧은 단장여[短長舌]가 아닌 긴 통장여로 받치고 있는 것이 대조적이다. 기둥머리 위의 첨차는 뜬장여, 장여, 주심도리를 차례대로 받치고 있는데 이 뜬장여는 정면의 창방 위 포벽을 가로지르고 있어 포중방(包中枋)이라고도 한다.

가구

축부를 포함하여 건물의 틀을 이루는 짜임을 가구(架構)라 한다. 목조 건물은 그 규모나 지붕 형태, 그리고 용도에 따라 그 건물의 격식과

대웅전 종단면도(오른쪽)
대웅전 측면(아래) 기하학
적이면서도 부드러운 곡선
은 한국 전통 목조 건축의
가구미를 가장 잘 나타낸다.

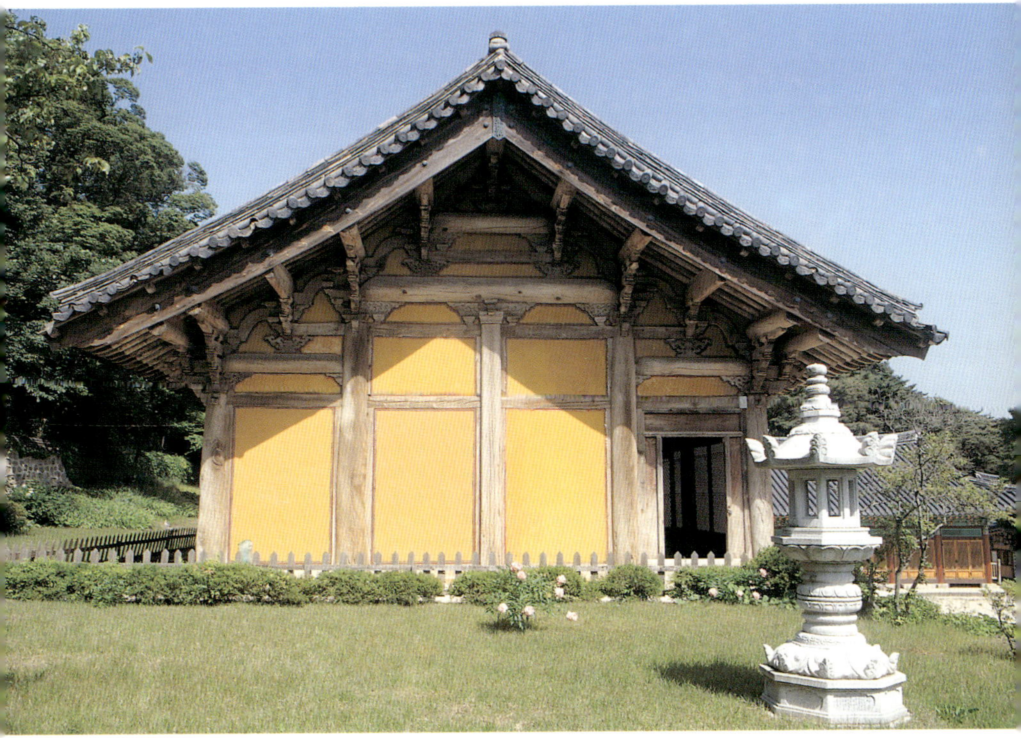

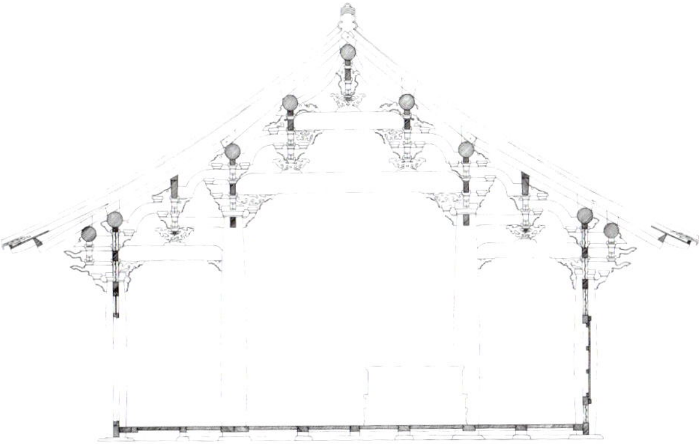

특징이 결정된다. 가구를 이루는 구성 요소는 수평재로 보〔樑〕가 있고 수직재로 대공(臺工)과 화반이 있으며, 그리고 경사재로 솟을합장재 (지붕틀에서 종도리를 좌우로 빗버티어 댄 경사재)가 있다. 보는 대량(大 樑), 종량(宗樑), 퇴량(退樑), 그리고 계량(繫樑)과 우미량(牛尾樑)이 있다. 수덕사 대웅전은 대량이 놓인 위치로 보아 내진기둥을 두고 그 바깥 부분인 외진을 퇴칸〔退間〕의 개념으로 하여 고주에 퇴량을 걸고 그 바깥 부분을 평주 위의 2제공 살미첨차와 같은 형태로 조각하여 놓 았다. 그리고 퇴량 가운데에는 고주의 기둥머리에서 나온 계량을 놓아 하중도리를 받치고 있다. 이 위에 지붕의 무게를 전달하는 쇠꼬리처럼 생긴 우미량이 얹혀져 있는데, 지붕의 무게는 종보 밑의 우미량에서 대 들보 위에 얹힌 우미량으로 전달되고 다시 퇴보 위에 놓여 파련대공을 받치고 있는 우미량으로 전달된다. 이 연속되어 내려오는 곡선 부재인 우미량의 부드러운 형태와 율동적인 구성은 종보 위에서 종도리를 받 치고 있는 솟을합장재의 곡선미와 더불어 뛰어난 아름다움을 완성하고 있다. 이것이 수덕사 대웅전이 가지는 구조적인 의장미, 곧 기하학적이 면서도 부드러움을 표출한 한국 전통 목조 건축의 가구미를 나타내는 최고의 건물로 인정되는 부분이다.

한편 수덕사 대웅전에서는 장식 요소를 통일적으로 사용한 점이 또 하나의 특징으로 나타나고 있는데, 그 예로 살미와 단장여, 첨차 등에 사용한 연화두식(蓮花頭飾)과 포대공(包臺工)에 사용한 투각된 화반이 있다. 화반의 외형은 마치 나비가 날개를 펼친 모습과 같은데, 이것은 종도리와 중도리의 하중을 종보와 중보(中樑, 대들보와 종보 사이에 도 리와 직각 방향으로 놓은 보)에 전달하는 부재이다. 이 가운데 구조적 의미가 없는 양쪽 날개 부분은 당초문양으로 투각하여 구조재이면서도 장식 부재로 전환시킨 것을 볼 수 있다. 그리고 평기둥과 고주의 머리 부분에 대량과 퇴량을 받아 주두 위에 놓여 내측단의 면을 초각한 보아지의 형태에서 우미량 단부의 새김 형태와 함께 화반에 사용된 장식 기법을 통일적으로 조화롭게 적용시키려는 의도가 있음을 알 수 있다.

고려시대의 건축과 수덕사 대웅전

공포 형식의 변화

목조 건축은 고려시대인 13, 14세기에 들어오면서 통일신라 이래로 전수되어 오던 양식을 계승하면서도 끊임없이 새로운 표현과 구조적 안정성을 모색하여 하나의 고유한 형식을 완성하게 된다. 당시의 목조 건물로 본래의 모습을 지금까지 전하고 있는 것은 몇 동 없는데, 이 가운데 봉정사 극락전은 건립 연대가 가장 앞서는 건물인 동시에 고려시대 이전인 통일신라의 건축 형태를 가장 잘 간직한 건물로 알려져 있다. 반면 수덕사 대웅전은 처마를 지탱하는 공포의 처리 수법에서 구조 기능에 충실한 고유한 형식이 가장 완전하게 구현된 건물이며 부석사 무량수전은 앞의 두 건물의 과도기적인 특징을 간직하면서 건물 외관의 형태적 아름다움이 가장 잘 표현된 것으로 평가된다.

수덕사 대웅전의 평기둥 상부의 공포 구성은 부석사 무량수전보다 여러 가시로 변화되있다. 출목도리 하부의 단징여와 헹공첨차의 구성은 같지만 무량수전에서 주두 위로 2단의 포 구성으로 인해 포벽이 높아지는 문제를 주두 밑에 헛첨차를 둠으로써 입면상으로는 1단을 낮추게 되었고, 이에 따라 포벽의 구성은 봉정사 극락전과 유사한 형태로 환원시켰다. 또한 부석사 무량수전에서는 첨차와 같은 모양으로 살미 두 개를 포개고 3단에서는 초기적인 앙서형(仰舌形, 살미의 끝이 위로 치켜 올라간 형태)으로 다듬었으나, 수덕사 대웅전의 헛첨차는 첨차형이지만 2단과 3단의 살미는 S자형으로 굴곡진 쇠서 형태로 만들었으며

고려시대 건축의 구조 형식

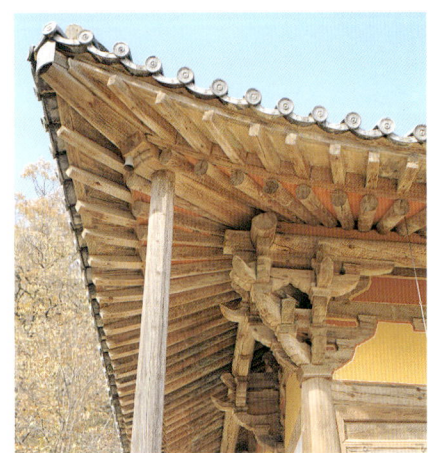
부석사 무량수전

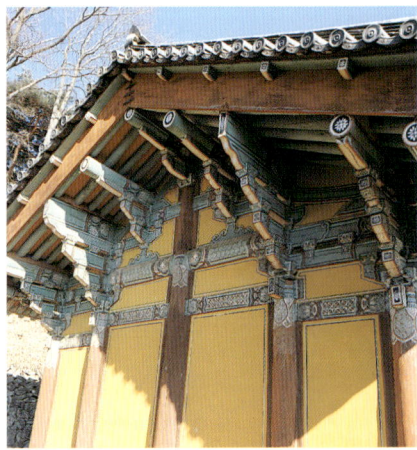
봉정사 극락전

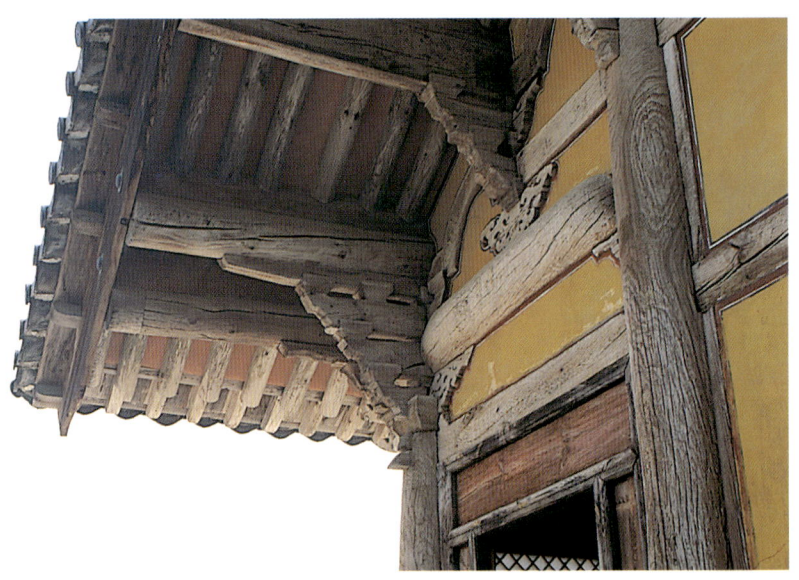
수덕사 대웅전

이것은 연화두식이 응용된 것으로 해석할 수 있다. 그리고 헛첨차와 그 위 살미의 내측단에는 보아지 형태로 연속되게 당초문양을 조각하였다.

이 밖에도 수덕사 대웅전과 유사하게 주심포 형식을 보이는 건물이 몇 동 더 남아 있다. 이들 건물들은 공통적으로 공포가 기둥 위에만 짜여져 있어서 주심포 형식이란 이름으로 분류된다.

통일신라에서 고려 초기 사이 목조 건물의 공포 짜임은 수덕사 대웅전과는 다른 모습이었다고 추정된다. 특히 첨차의 결구에서 그 차이가 나타나는데, 이때까지 첨차는 건물 전후 방향과 좌우 방향으로 열십자 형태를 이루면서 소첨차 위에 대첨차가 놓이는 모습이었다. 또 완주 화암사 극락전에서 볼 수 있듯이 일부 건물에는 도리 밑으로 서까래와 비슷한 경사를 이루면서 처마 밖으로 길게 내뻗어 처마 길이를 더욱 길게 내밀게 해주는 하앙(下昻)이라는 부재도 있었을 것으로 판단된다. 그러나 수덕사 대웅전에는 하앙이 생략되어 있다. 그리고 대·소첨차가 중첩되면서 열십자 형태로 결합되는 일반적인 형식을 취하지 않고 서까래 방향으로만 돌출된 첨차의 기능을 갖추고 있다. 또 이 살미첨차의 돌출 효과를 높이기 위해 기둥머리 몸체에 끼운 가장 아래 첨차를 돌출시켰다. 이같이 첨차의 형태를 하고 있으나 그 기능에 다소 차이를 보인다고 하여 그 명칭을 헛첨차라고 부른다.

구조 형식의 전개

수덕사 대웅전은 공포 짜임에 있어 새로운 방식을 추구했지만 전체적인 구조 골격에서는 종래의 기법을 계승한 것으로 보인다. 곧 실내에는 지붕을 받치는 기본 뼈대인 고주 네 개를 세운 간결한 구조로 되어 있는데 이것은 고려시대의 가장 일반적인 구조 방식이라고 생각된다.

이런 간결한 구조 개념에 바탕을 두고 실내에는 반자를 꾸미지 않은 채 서까래가 드러나는 연등천장을 꾸며 개방감을 돋우고 있다. 반면 섬

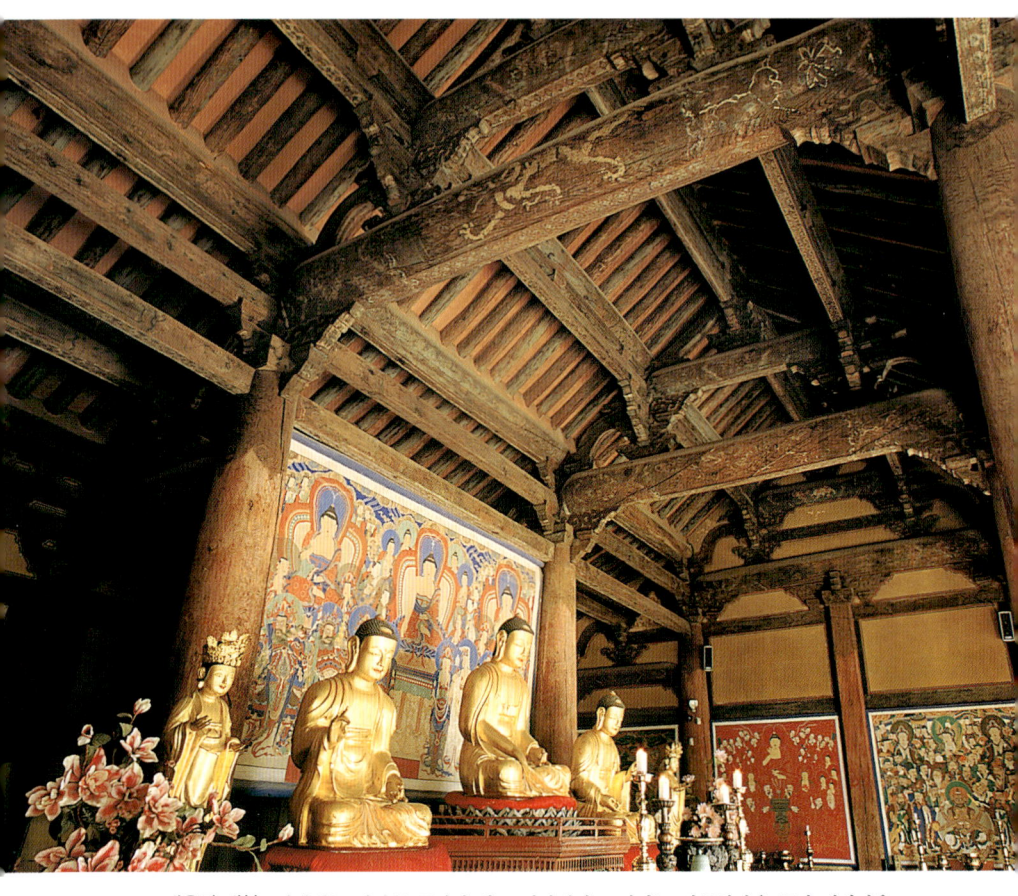

대웅전 내부 실내에는 반자를 꾸미지 않고 서까래가 드러나는 연등천장을 꾸며 개방감을 돋우고 있다.

세하고 정교한 수법의 각 부재는 장식 효과를 높이고 있다. 기둥은 완만한 곡선의 배흘림을 갖추었고 첨차의 바깥 끝은 두 번 휘어진 독특한 곡선으로 장식되었으며, 안에는 식물문양이 새겨져 있다. 대들보의 단면은 항아리 형태의 미묘한 곡선으로 이루어져 있고, 대들보나 종보 등을 받치는 부재는 하나의 통일된 곡선무늬로 장식되었다. 각 도리를 연결하는 부재는 우미량이라는 독특한 곡선 부재이며, 종도리 아래에는 솟을합장이 짜여져 있다. 구조 기능에 충실한 짜임을 하는 대신 눈에 잘 띄는 부분은 통일된 모습의 화려한 장식으로 보강하여 한 건물 안에 구조적 안정성과 의장적 효과가 동시에 잘 수렴되도록 한 것이다.

이 건물은 헛첨차의 유무는 다르지만, 포작(包作)의 유려함과 화려함으로 보아 조선 초기 건물인 강진 무위사 극락전과 전반적인 구조의 틀에 있어서 그 맥을 같이하는 것이라 생각된다. 그러나 수덕사 대웅전의 가구는 부드러운 곡선미를 가지는 구조미를 보이는 반면 무위사 극락전은 직선의 부재가 가지는 강직하고 기하학적인 느낌을 준다. 또 이와 맥을 같이하는 건물로 지금은 북한 땅에 있는 성불사 극락전을 들수 있는데 이 건물은 수리할 때 기와 등판에서 나온 기록으로 보아 1321~1323년 사이에 세웠음을 알 수 있다.

수덕사 대웅전과 유사한 구조 방식을 취한 고려 말기 건물로는 강릉 객사문, 영천 은해사 거조암 영산전, 황주 성불사 극락전 같은 건물들이 있다. 이 건물들은 수덕사 대웅전과 공통되는 몇 가지 특징을 가지고 있다. 즉 기둥은 공통적으로 약간의 배흘림이 있으며 모두 헛첨차를 갖추고 있다. 또 첨차의 끝 마구리는 경사지게 잘려 있는데, 첨차 하단부는 소위 쌍S자 또는 연화두식이라고 부르는 부드러운 곡면형으로 가공되어 있다. 대들보는 단면이 항아리 모습을 닮은 정교하게 가공된 모습이다. 실내에는 천장을 따로 가설하지 않고 서까래가 그대로 노출된 연등천장이다.

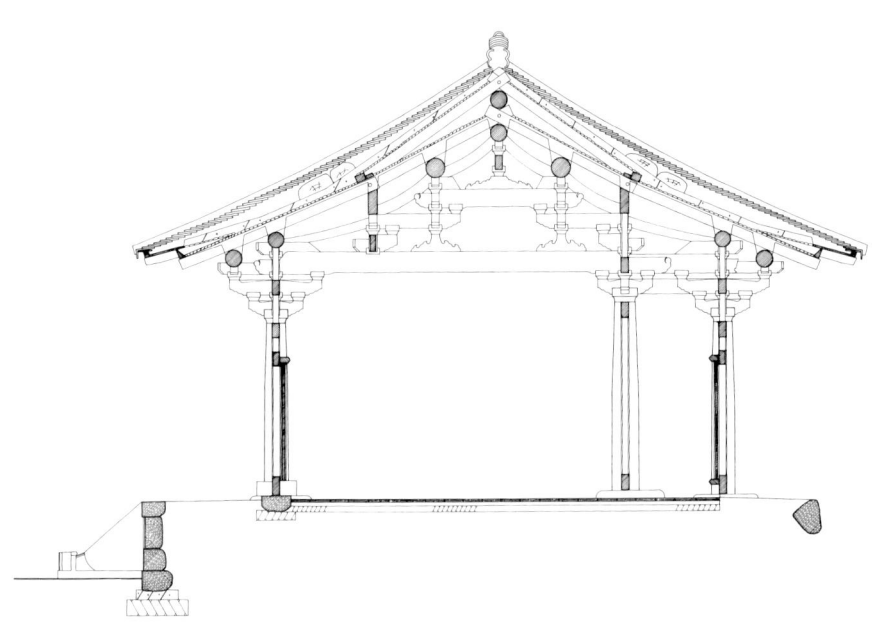

봉정사 극락전 종단면도 고려시대 건축물 가운데 연대가 가장 앞선 이 건물은 통일신라 시대 건축 형태를 가장 잘 간직하고 있다.

결국 이러한 면이 고려 말 주심포 형식의 특징이 되는 셈이다. 이 특징들은 그대로 조선시대로 계승되어 하나의 고유한 건축 형식으로 자리잡게 된다.

부석사 무량수전과 비교하여 크게 변화된 모습 가운데 하나로, 발전된 고주의 사용 방법을 들 수 있다. 봉정사 극락전에서는 평기둥과 거의 같은 높이의 고주가 부석사에서는 좀더 높아지고 수덕사 대웅전에서는 완전한 고주의 형태로 변한다. 즉 앞 시대의 복잡한 내부 구조를 크게 단순화시킬 수 있게 되었으며 아울러 지붕의 하중 전달 체계가 명확하게 확립되어 효율적인 구조체를 형성하게 되었다. 이 시대에는 단순 명료한 구조체에 통일적인 장식으로 군더더기가 없는 미적 표현이 이루어졌음을 알 수 있다.

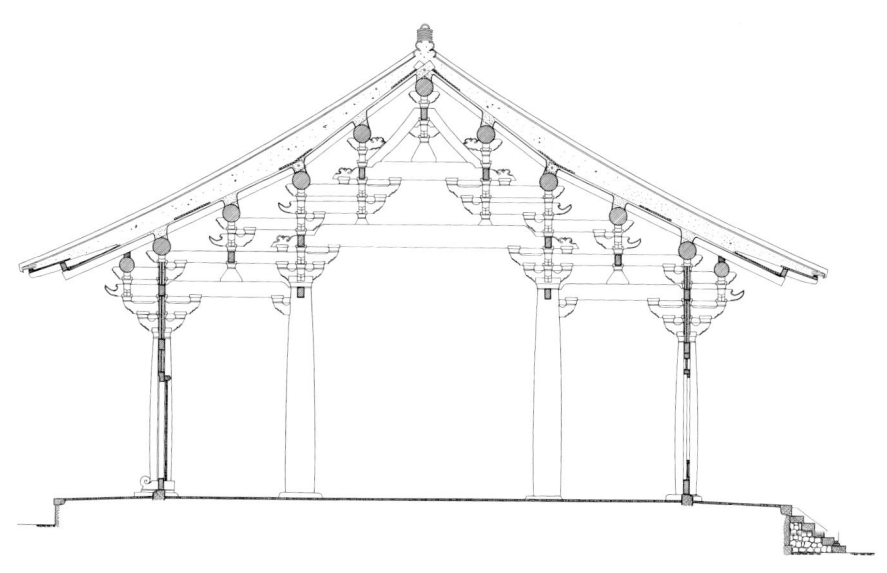

부석사 무량수전 종단면도 봉정사 극락전과 수덕사 대웅전의 과도기적 특징을 잘 간직하면서 건물의 외관적 아름다움에 충실한 고려시대 대표적 건축물이다.

　물론 각 건물들에는 부분적인 차이가 있다. 강릉 객사문은 기둥에 강한 배흘림을 두어 시각적인 효과를 강조하고 있으며 세부 장식이 간결하면서도 독특하게 표현되어 있다. 거조암 영산전이나 성불사 극락전 모두 전형적인 주심포 형식의 특징을 갖추면서 구조적으로는 힘찬 표현보다는 세부의 장식에 집착하는 경향이 엿보인다.

　한편 경북 안동의 봉정사 극락전은 수덕사 대웅전과는 전혀 다른 계통의 공포 구조를 갖추고 있다. 이 건물의 부재 세부는 마치 통일신라시대 건물을 연상시키는 오래된 모습을 보이고 있다. 공포는 다른 주심포계 건물과 같이 기둥 위에만 있기 때문에 이 건물도 굳이 구분하자면 주심포 형식에 포함될 수 있지만 구조 개념에서는 상당히 다르다. 곧 이 건물에서는 첨차가 단지 건물 앞뒤로만 돌출해 있는 것이 아니고 주

대웅전의 장식과 의장 구조 기능에 충실한 짜임을 하는 대신 눈에 잘 띄는 부분은 통일된 모습의 화려한 장식으로 보강하여 한 건물 안에 구조적 안정성과 의장적 효과가 동시에 잘 수렴되도록 하였다.

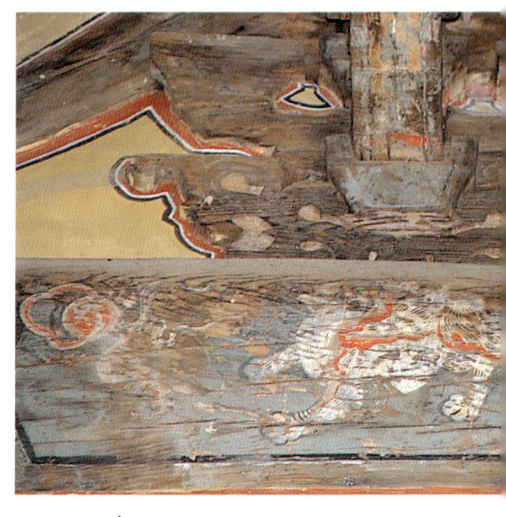

두 위에서 열십자 형태로 짜여져 있다. 이것은 대·소첨차로 구성되는 중국 당나라 이래의 첨차 모습에 가깝다. 또 첨차의 끝 마구리가 수직으로 반듯하게 잘려 있고 주두에 굽받침이 없는 것도 통일신라의 첨차와 공통된다. 또 화반은 그 형상이 당나라나 10세기 일본 건축과 공통되는 독특한 모습을 보인다. 또 종도리에서 주심도리까지 소슬대공이나 빗대공이라고 하는 일련의 경사진 부재가 연결되어 있는 것도 역시 당나라 목조 건물에서나 볼 수 있는 모습이다.

이런 점들을 종합해 볼 때 봉정사 극락전은 대체로 당나라나 통일신라 등 10세기 이전 동아시아에서 유행하던 목조 건축의 구조 전통을 충실히 계승한 건물로 평가할 수 있다. 따라서 이 건물의 건립 연대는 아무리 늦어도 13세기 초를 내려가지 않으며 고려 초기까지 거슬러 올라갈 수 있어, 지금까지 알려진 목조 건물 가운데 가장 오랜 건물이 된다.

영주 부석사 무량수전은 봉정사 극락전의 세부 요소를 갖추었고 구조 개념에서는 수덕사 대웅전에 가까운 건물이다. 곧 통일신라 이래의 구조 전통을 계승한 봉정사 극락전과 새로운 구조 개념에 철저한 수덕사 대웅전의 중간 위치에 놓일 수 있는 건물이다. 대·소첨차가 주두

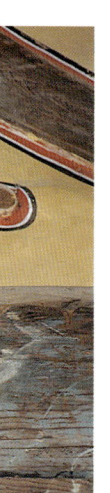
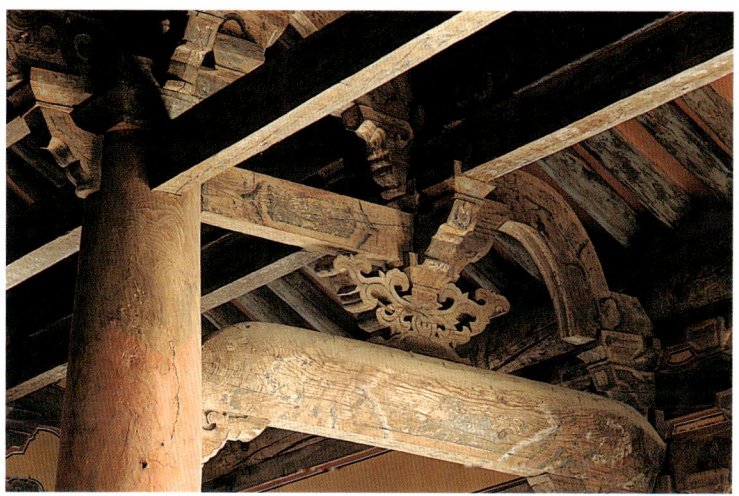

위에 중첩되면서 짜여진 점에서는 통일신라시대 이래의 첨차 구성 방식을 따르고 있지만 주두에 굽받침이 있다거나 첨차 끝이 경사지게 잘려진 것 등에서 수덕사 대웅전 계통의 전형적인 주심포 형식과 공통된 세부 수법을 갖추고 있을 뿐 아니라 기둥이나 보의 가공 수법에서도 공통점이 많이 보인다. 이 건물의 건립 연대 역시 불확실하지만 세부 가공 수법을 종합해서 볼 때 13세기경에 조성된 것으로 추정하고 있다.

이 밖에 부석사에는 1377년에 중건된 조사당이 있는데 이 건물은 같은 주심포 형식에 속하지만 첨차 하단이 3단으로 잘리는 등 또 다른 특징을 보이고 있다.

그러므로 주심포 형식이라고 광범위하게 분류한 13, 14세기 건물들은 구조적인 기본 개념이나 세부 수법에서 상당히 다른 차이를 보이고 있음을 알 수 있다. 곧 이 시기 건축에서는 봉정사 극락전처럼 통일신라 이래의 전통 건축 기법을 간직한 건물도 있고 수덕사 대웅전처럼 전혀 개념을 달리하는 새로운 형식도 있으며 부석사 무량수전처럼 그 과

도기적인 기법을 보이는 건물도 있다.

장식과 의장

건물의 외관이나 형태에서도 각 건물들은 서로 다른 면모를 보인다. 수덕사 대웅전처럼 헛첨차로 시작해서 각 첨차들이 밖으로 내밀게 되면 대·소첨차가 중첩되는 방식에 비해 처마 밑의 외관이 단조롭고 초라해 보이기 쉽다. 이 문제를 보완하기 위해 수덕사 대웅전에는 부재 세부에 장식을 많이 가미하였다. 즉 첨차의 바깥 끝부분을 독특한 곡선으로 장식하고 또 실내에서도 장식이 연장되도록 첨차의 내부도 장식적으로 처리하였다. 이런 방식은 수덕사 대웅전 외에 다른 주심포식 건물에도 공통된다.

반면 대·소첨차가 잘 짜여져 있는 부석사 무량수전에서는 첨차 끝이나 세부에 장식적 처리를 많이 하지 않았다. 그런데도 이 건물의 외관은 후대의 다른 주심포 형식이 따르지 못하는 뛰어난 조형상의 아름다움을 간직하고 있다. 흔히 부석사 무량수전은 고려와 조선시대의 건물 외관 가운데 가장 아름다운 형태를 보인다고 평가된다. 구조적인 기능과 외관의 형태미가 서로 적절히 조화를 이룬 데서 그 아름다움이 달성되었다고 할 수 있다. 특히 이 건물에서 볼 수 있는 기둥 각부의 미세한 처리 수법은 이 건물의 외관을 한층 돋보이게 한다. 더욱이 부석사 무량수전은 전통 목조 건축의 대표적 외장 기법인 배흘림, 귀솟음, 안쏠림 기법들이 하나의 건물 전체에 잘 조화되고 수렴된 대표적인 예이다.

공포 형식의 계통

주심포 형식에 속하는 목조 건축에 대해서는 여러 가지 다른 학설이 제기되고 있다. 그 가운데 대표적인 주장을 들면 봉정사 극락전은 고려 초기 이전부터 존재하던 형식으로, 수덕사 대웅전은 고려 중기에 중국 남쪽 복건성 지방의 영향을 받아 새롭게 나타난 형식으로 보는 것이다. 그러나 최근에는 이와 전혀 다른 견해도 제시되고 있다. 곧 봉정사 극락전과 같이 첨차가 열십자 형태로 짜여진 것과 수덕사 대웅전처럼 첨차가 앞으로 돌출한 것은 고대부터 한반도에 존재하던 각기 다른 계통의 공포 형식으로 이것이 고려시대로 이어진 것으로 보는 견해이다. 아

수덕사 대웅전 통일신라와 조선시대의 건축 형식의 맥을 이어 주며 고려시대의 건축을 정립하는 대표적인 건축물이다.

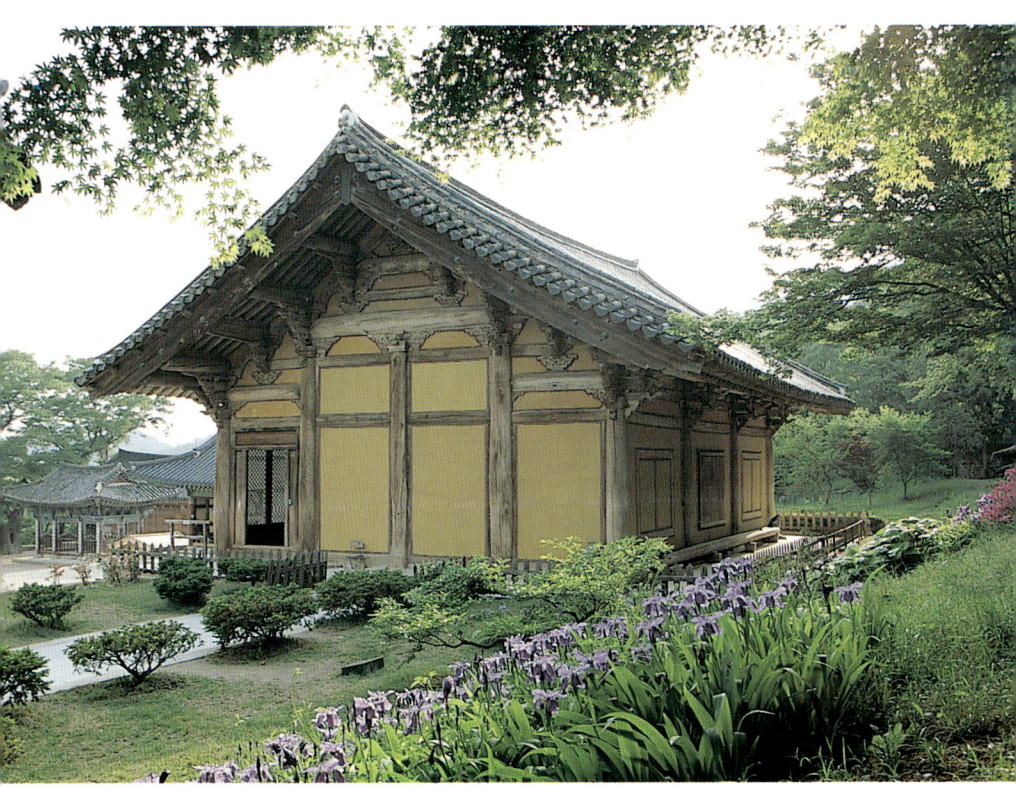

직 이 문제에 대해서는 명확한 결론을 얻기 어려운 상태이다.

한 가지 분명한 점은 고려 말기로 내려가면서 봉정사 극락전처럼 첨차가 열십자 형태로 중첩되는 방식은 더 이상 지속되지 못하고 수덕사 대웅전에서 보이는 구조 기능에 충실한 방식이 널리 확산되어 주심포 형식으로 자리잡으면서 조선 초기로 넘어갔다는 점이다. 이런 점에서 수덕사 대웅전에서 확립된 구조 형식은 시대적인 당위성을 얻고 있다.

13, 14세기는 목조 건축의 구조 기법에서 새로운 형식의 창출을 위해 지속적으로 노력한 시기였다고 평가할 수 있다. 통일신라 때부터 오랜 기간 뿌리내렸던 전통 기법을 대신하여 구조적 기능에 충실한 기법이 널리 확산된 것이 이 시기이다.

수덕사 대웅전은 이러한 시대 상황 속에서 통일신라와 조선시대 건축 형식의 맥을 이어 주며 고려시대의 건축을 정립하는 대표적인 건축물이라 할 수 있다.

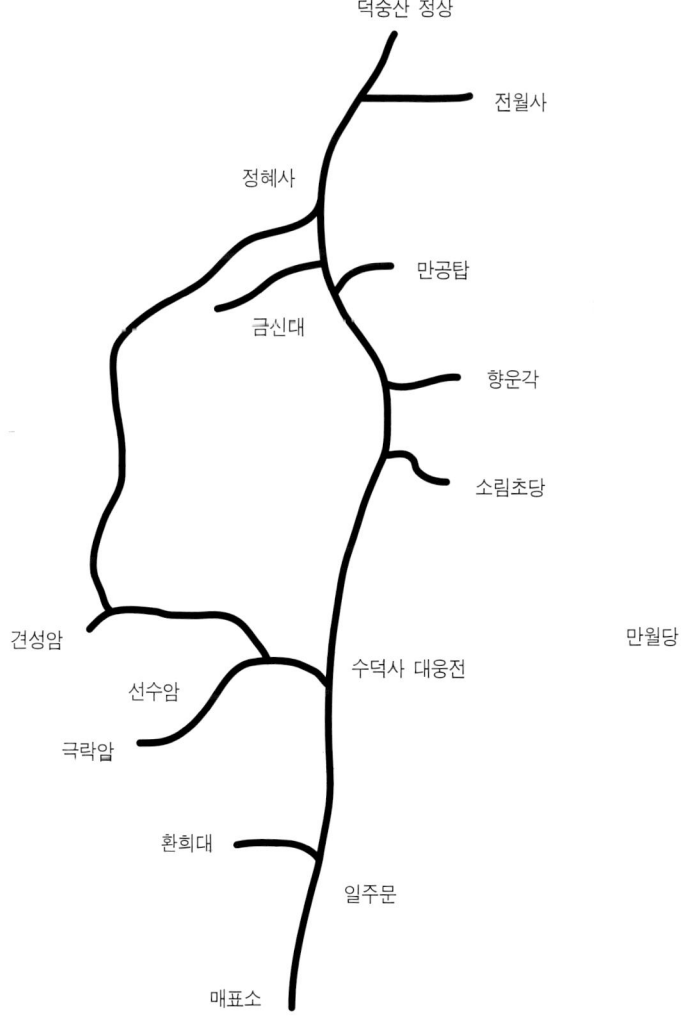

● 수덕사의 여러 암자 ●

덕숭산 정상

전월사

정혜사

만공탑

금선대

향운각

소림초당

견성암

수덕사 대웅전

만월당

선수암

극락암

환희대

일주문

매표소

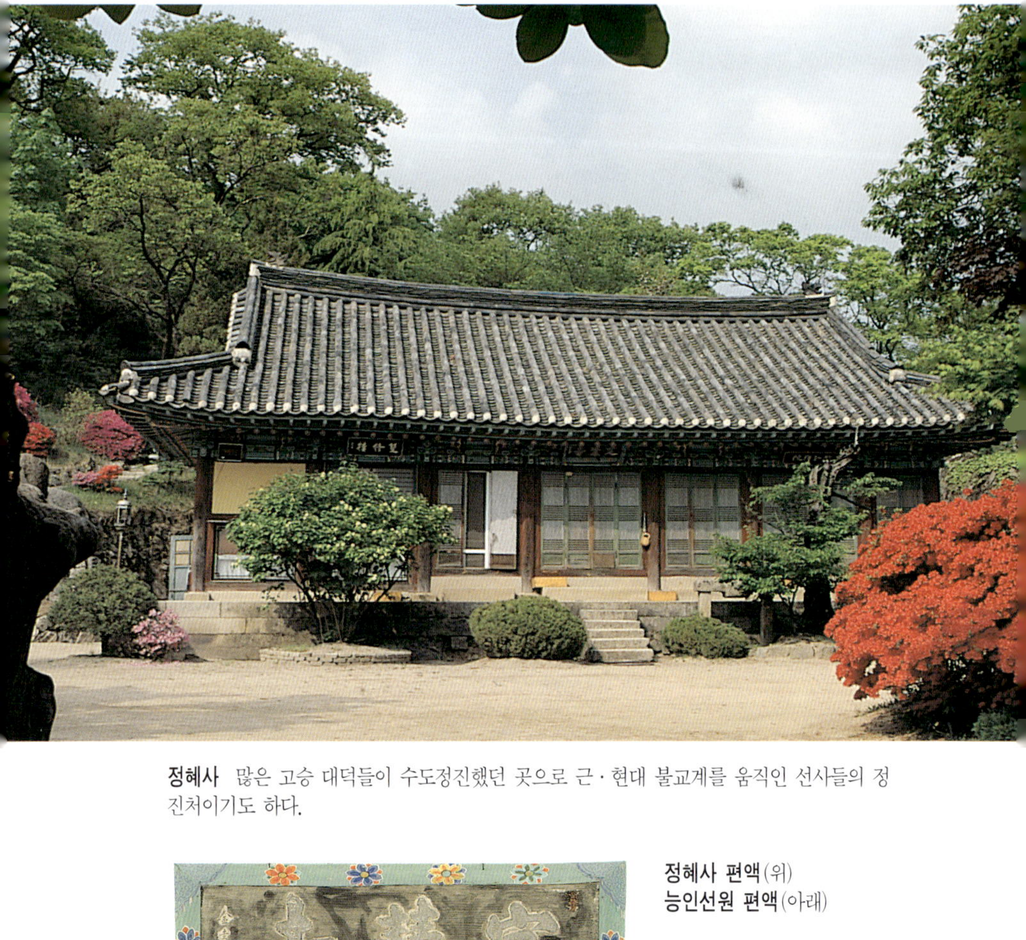

정혜사 많은 고승 대덕들이 수도정진했던 곳으로 근·현대 불교계를 움직인 선사들의 정진처이기도 하다.

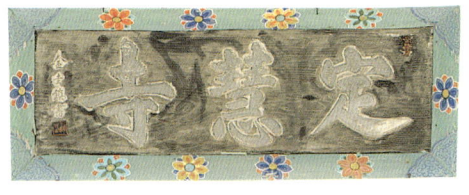

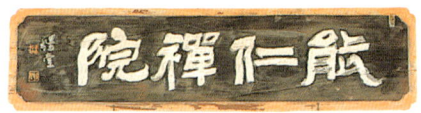

정혜사 편액(위)
능인선원 편액(아래)

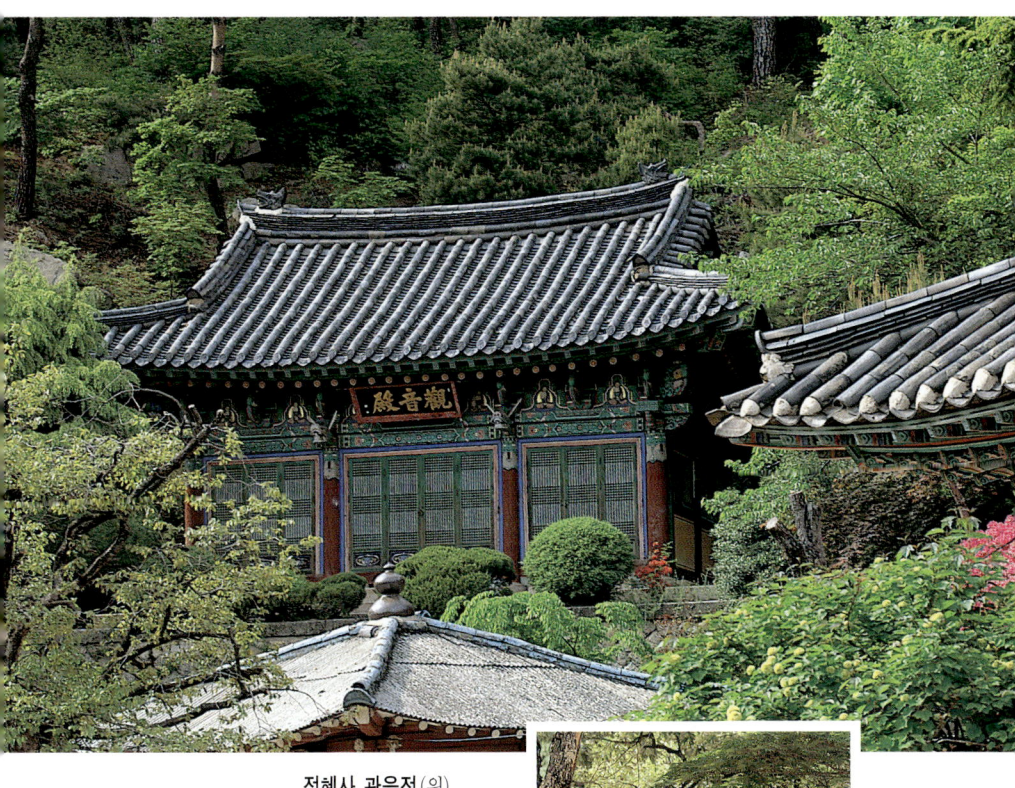

정혜사 관음전(위)
정혜사 남매탑(오른쪽)

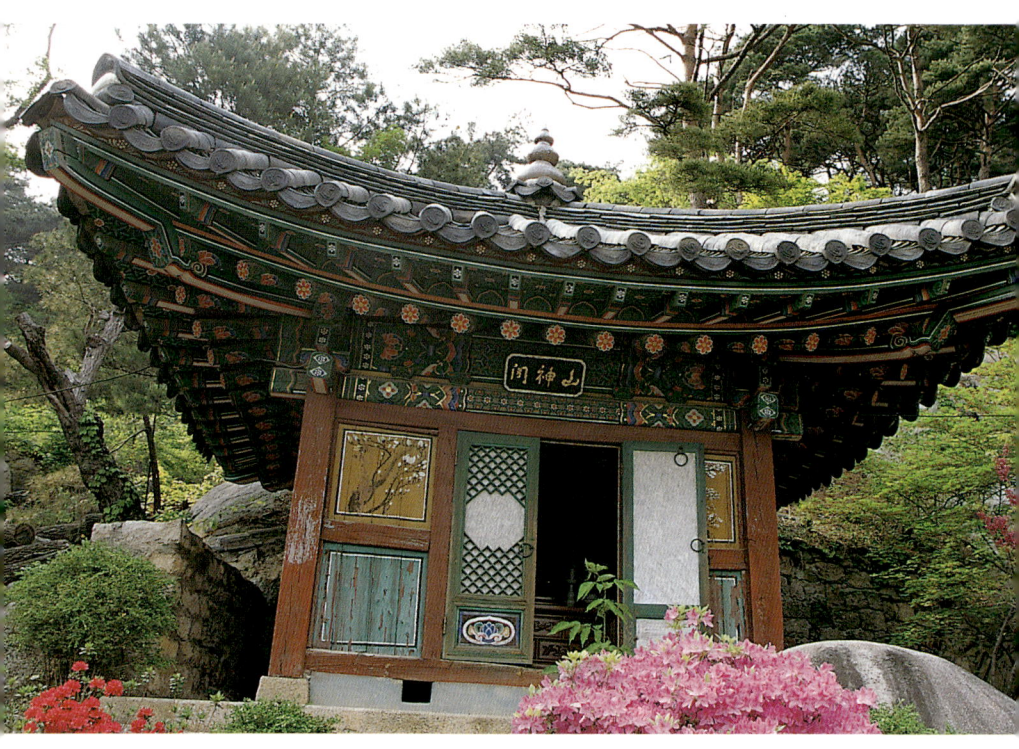

정혜사 산신각(위, 왼쪽)

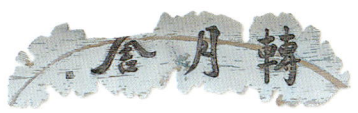

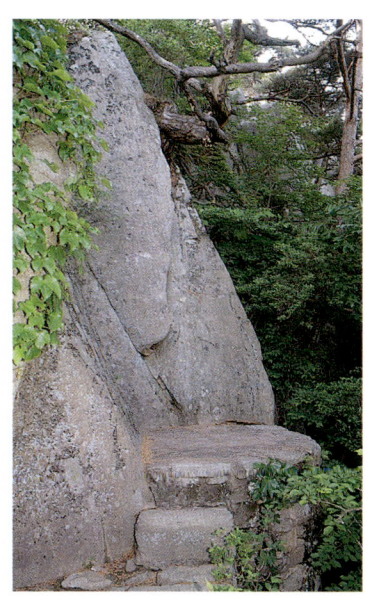

전월사 편액(위)   만공선사가 말년을 보낸
전월사는 '허공의 둥근 달을 굴린다'는 의
미를 담고 있다.
전월사 내 만공선사 좌선대(오른쪽)
소림초당(왼쪽 아래)   1920년대 만공선사
가 지은 암자로 볏짚 이엉을 얹은 굵은 나
무를 그대로 사용하였다.
진여문(오른쪽 아래)   만공선사의 조실채
였던 금선대 입구 암자로 통하는 문이다.

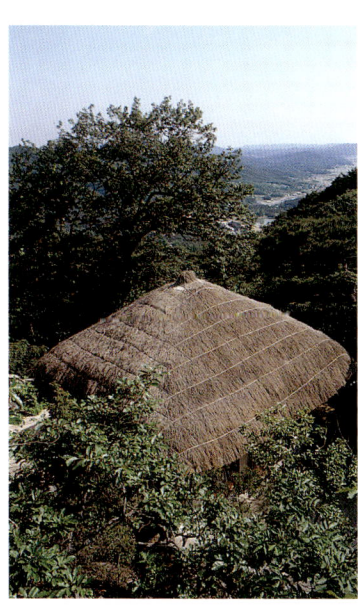

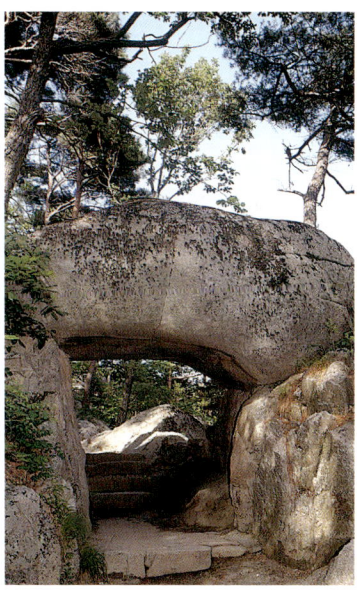

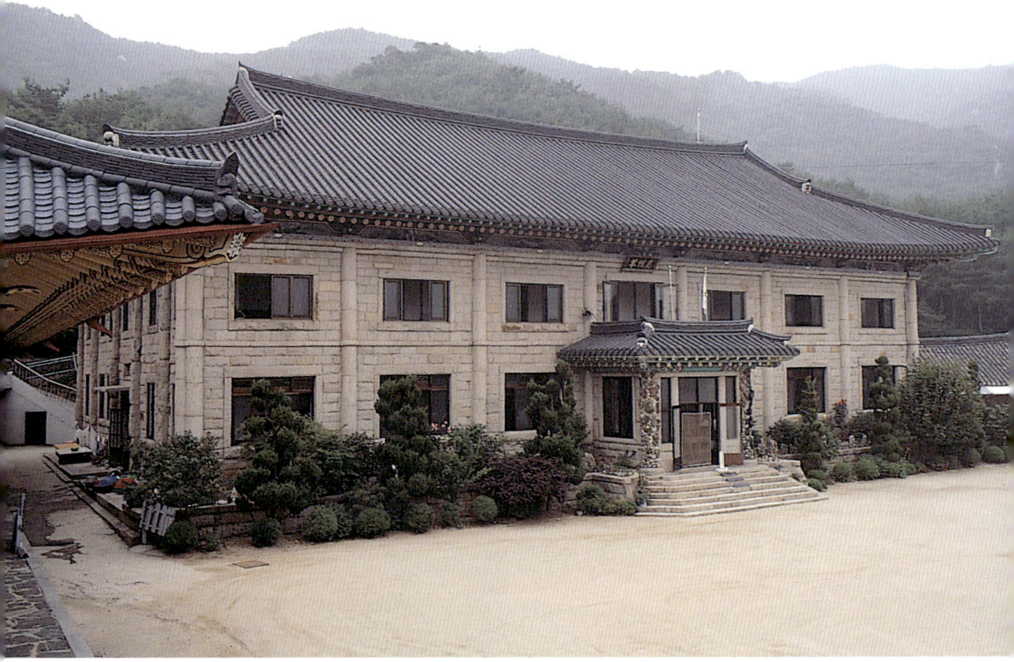

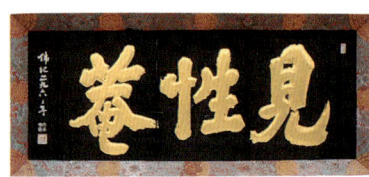

견성암 전경(위) 우리나라 최초의 비
구니 선방으로 1965년 벽초스님이 인도
식 2층 석조 건물로 이전·건립하였다.
견성암 편액(왼쪽) 만공선사 친필.

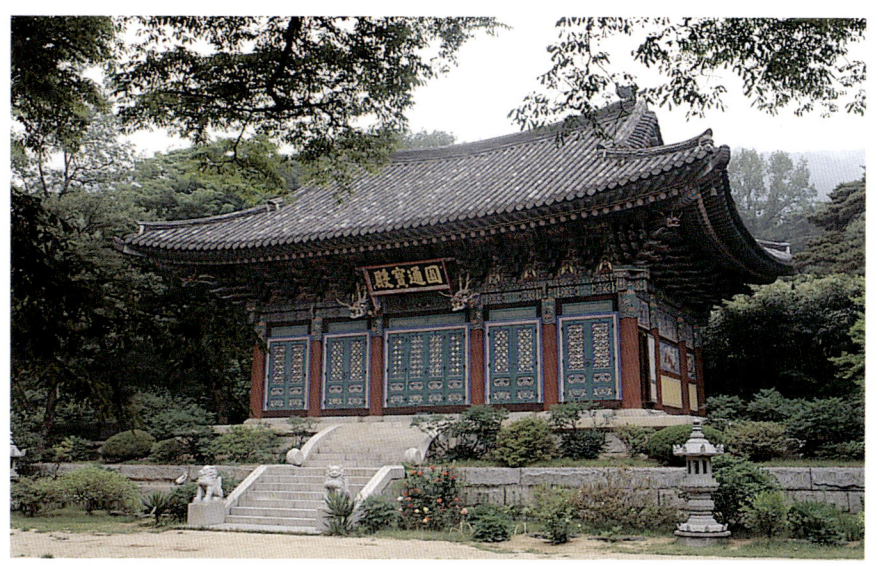

환희대 내 원통보전 환희대의 주법당으로 개화기 여류시인이었던 하엽스님의 열반처이다.

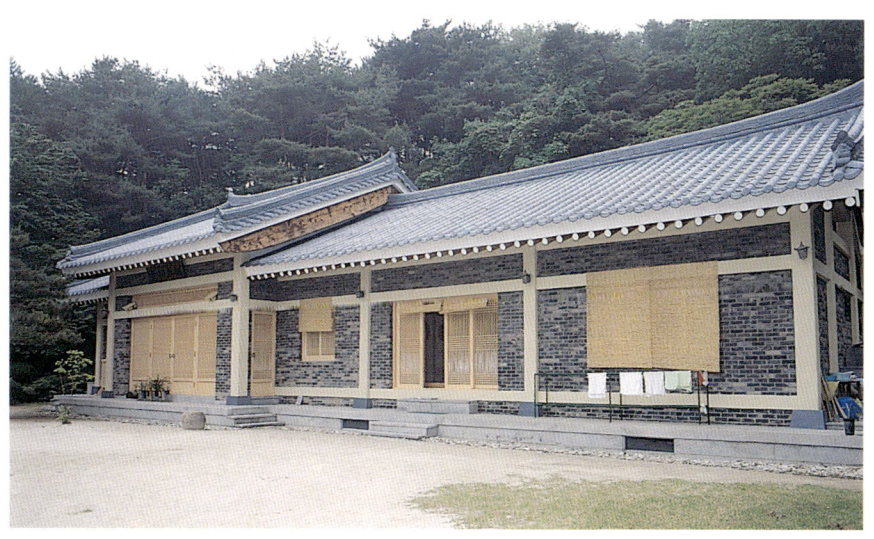

환희대 내 극락암 현재 비구니들이 기거하며 수도정진하고 있다.

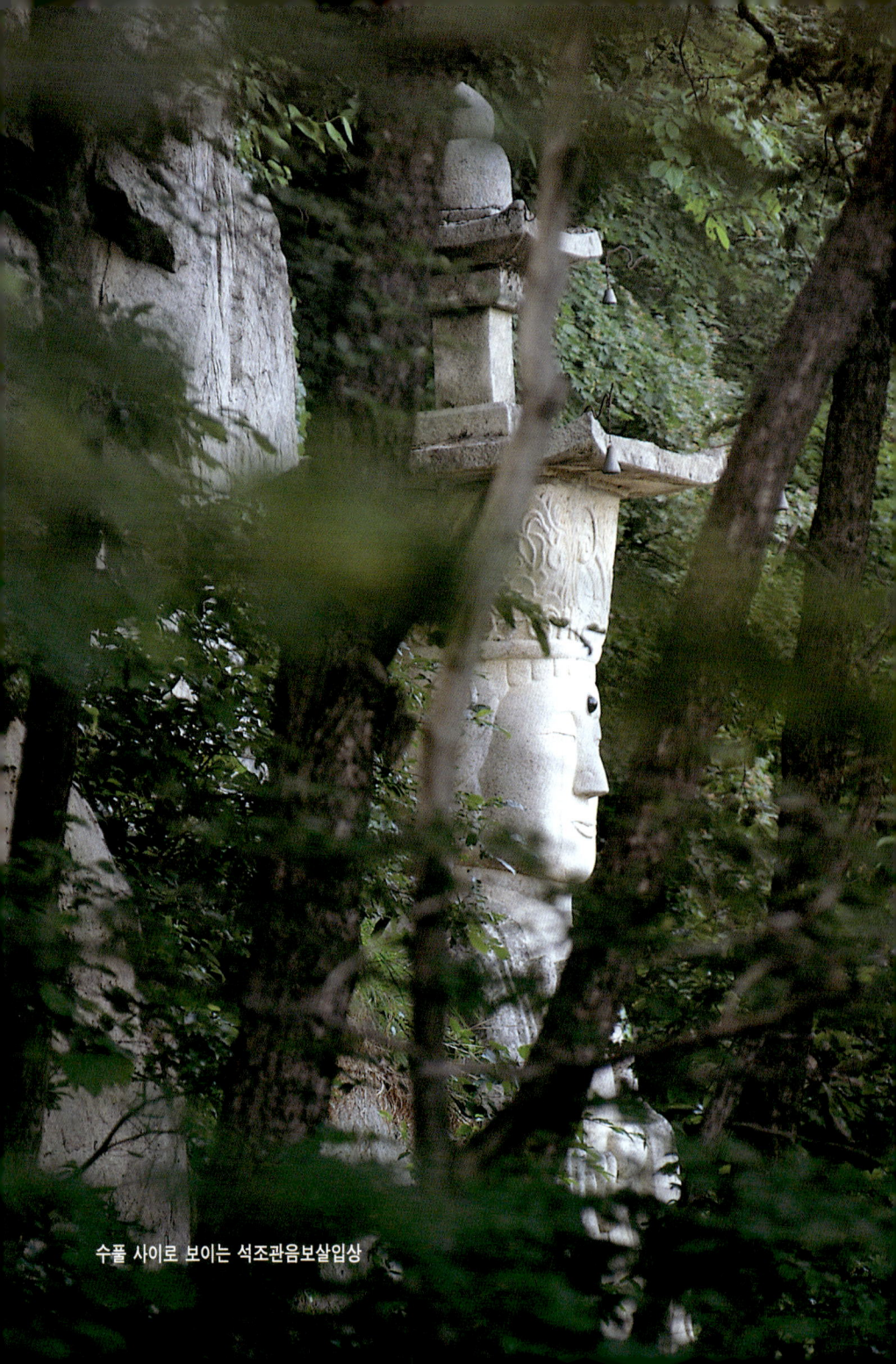

수풀 사이로 보이는 석조관음보살입상

유물

　백제 사찰이라고 전하는 수덕사의 유물 가운데 가장 연내가 올라가
는 것은 고려시대 3층석탑과 1308년에 건립된 대웅전 주변에서 출토되
었다고 전하는 고려자기 및 기와를 들 수 있다.

　1937년부터 1940년까지의 대웅전 중수 공사 때 발견된 묵서명에 의
하면 대웅전의 상량(上樑) 연대는 1308·1528·1751·1770·1803년
이다. 대웅전 중수 공사 때 포벽(包壁)에 그려졌던 소규모의 고려·조
선시대 벽화들을 벽에서 따로 떼어내 보관하였는데, 한국전쟁을 치르
면서 파괴되었다고 한다.

　그러나 다행스럽게도 대웅전 중수 공사 당시 종이에 옮겨 그려졌던
벽회 및 단청 모사도(模寫圖) 40점이 현재 국립중앙바물관에 있으며,
수리 공사 감독이었던 오가와 게이기찌(小川敬吉) 씨가 촬영한 18점의
벽화 사진이 1994년 한국 국립문화재연구소(國立文化財研究所)가 발
간한 『오가와 게이기찌 조사 문화재 자료(小川敬吉調査文化財資料)』에
발표되었다.

　수덕사의 대표적인 조선시대 유물은 1673년에 제작된 노사나불 괘불
탱(盧舍那佛掛佛幀)을 들 수 있다. 대웅전에는 소종(小鍾, 18세기) 및

불상과 1908년에 조성된 후불탱화(後佛幀畵)가 봉안되어 있다. 법고각(法鼓閣)에는 법고(法鼓)·목어(木魚)·운판(雲版)이 갖추어져 있으며, 범종각(梵鍾閣)의 범종(梵鍾)은 1973년에 만들어진 것이다. 7층석탑은 주지였던 만공선사가 1930년에 건립했다.

1999년 4월에 개관한 근역성보관(槿域聖寶館, 수덕사박물관)은 수덕사와 말사(末寺)에 비장되었던 중요한 유물들을 체계적으로 전시하는 한편, 조선 후기 수덕사에 머물면서 선풍을 크게 일으켰던 경허·만공선사 등의 고승기념관(高僧紀念館)도 겸하고 있다.

이상과 같이 수덕사 유물은 문헌 사료에 나타나는 이 사찰의 연혁을 뒷받침하는 확실한 자료로서 그 의미가 크다. 이들을 불화, 불상, 불구, 석탑, 근역성보관의 전시 유물 차례로 살펴보고자 한다.

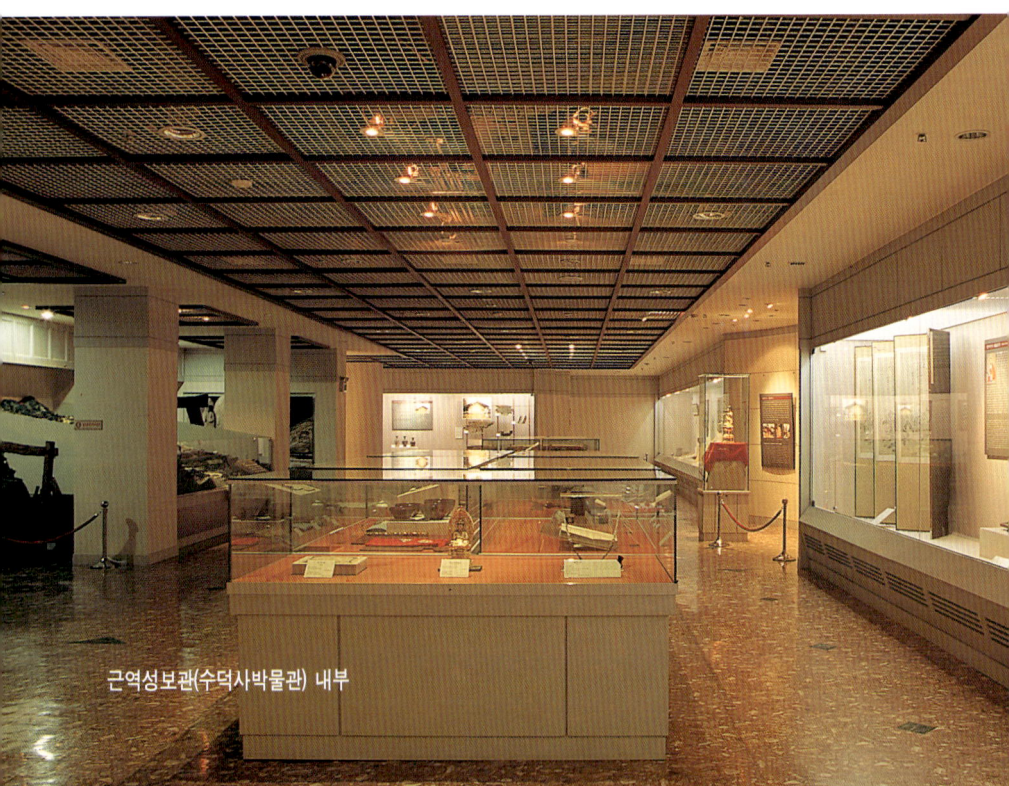

근역성보관(수덕사박물관) 내부

불화

　수덕사 불화는 괘불탱(掛佛幀) 연구에 기준이 되는 노사나불 괘불탱과 대웅전 후불탱화가 남아 있을 뿐이다. 또 수덕사 대웅전 벽화 모사도는 고려시대 사원 벽화 연구에 중요한 자료이므로 이들도 함께 언급하고자 한다.

괘불탱

　수덕사 노사나불 괘불탱(국보 제299호)을 포함한 다수의 괘불탱이 1997년 4월 13일 각각 국보(7점)와 보물(18점)로 지정됨에 따라 그 예술적인 가치가 인정되었나. 여기서는 먼저 괘불탱의 용도와 미술사적인 의의(意義)에 관해 간략하게 설명하기로 하겠다.

　괘불탱이란 야외에서 법회를 할 때 걸어 놓고 예배하는 의식용 불화이다. 따라서 법당에 봉안되는 일반 탱화와는 구별된다. 곧 대중이 모이는 큰 재(齋)나 석가탄신일에 의식을 거행할 때 법당 앞의 당간지주(幢竿支柱)에 걸어 놓고 예불을 드리는 것이 괘불탱이다. 불화로 본존불을 대신하는 만큼 괘불탱의 내용에는 의식의 종류에 따라 차이가 있으며, 봉안하는 절차 또한 엄숙하다.

　예를 들면 현세에 오래 살기를 바라며 내세에 영산회상(靈山會上)을 다시 만나는 복락을 기원하는 영산재(靈山齋), 죽은 뒤에 행할 불사를 살아생전에 미리 지내는 예수재(預修齋), 물과 땅 위에 널려 있는 외로운 혼과 아귀(餓鬼)를 달래고 이들을 천도(薦度, 죽은 사람의 넋을 극락으로 인도하는 일)하는 수륙재(水陸齋) 등으로, 영산재의 경우 영산회 괘불탱이 봉안된다. 이들 재의 목적이 살아서는 무병장수(無病長壽)하고 죽어서는 불토(佛土)에 왕생하기를 기원하는 것으로 미루어, 괘불탱은 대부분 망자천도용(亡者薦度用)으로 그려진 것을 알 수 있다.

어느 사찰이건 있기 마련인 괘불탱은 그 거대한 크기로 인하여 바람이 있는 날에는 당간지주에 거는 데 위험이 따르기 때문에 1년에 한 번, 석가탄신일과 같은 큰 행사 때만 내다 걸거나 수년이 지나도록 괘불함 속에 보관한다. 그래서 일반 탱화보다 보존과 보안 유지가 잘 되며 도난의 위험도 적어서 연대가 올라가는 괘불탱이 잘 남아 있다.

괘불탱은 야외에서 의식을 거행할 때 사용되기 때문에 일반인이 보기 어렵지만 석가탄신일에 날씨가 좋다면 근교 사찰에서 쉽게 볼 수 있다. 지금까지 남아 있는 가장 오래된 괘불탱은 17세기 작품들로, 5～15미터의 압도적인 크기이다. 질긴 삼베 바탕이 대부분이나 비단 바탕도 있으며 종이 바탕은 드물다.

다양한 주존불(主尊佛)이 등장하는 괘불탱의 내용은 석가모니불이 법화경을 설법한 영축산(靈鷲山)의 법회를 그린 영산회상도(靈山會上圖)가 주류를 이룬다. 이 영산회 괘불탱은 항마촉지인(降魔觸地印)을 한 석가모니불좌상을 중심으로 많은 청문중(聽聞衆)이 둘러선 군도(群圖) 형식이 일반적이다. 그러나 주존불의 명칭은 정면 입상의 상이 연꽃을 들고 보관(寶冠)을 쓴 보살 형태로 등장하는 화신(化身) 석가모니불 괘불탱(1687년, 마곡사, 보물 제1260호), 보신(報身) 노사나불 괘불탱(1704년, 수도사, 보물 제1271호), 미륵불 괘불탱(1627년, 무량사, 국보 제1265호) 등 다양하다.

이 밖에 비로자나불 좌우에 노사나불과 석가모니불이 배치된 삼신불 괘불탱, 석가모니불 좌우에 약사불(藥師佛)과 아미타불(阿彌陀佛)이 위치한 삼세불 괘불탱, 삼신불(三身佛)과 삼세불(三世佛)이 출현한 오불회(五佛會) 괘불탱이 있으며, 19세기에 이르면 다양한 도상으로 발전한다. 삼신불 괘불탱은 17～19세기에 성행하였는데, 석가모니불좌상 위주로 삼신불과 삼세불을 혼합하는 구성은 석가모니불을 중심으로 한 부처의 세계를 표현한 것이다. 조선시대에는 법화경 신앙이 크게 유행

해서 영산회상도가 유행하였
으며, 이는 일반 불화의 경향
과 같다.

대형화된 괘불탱은 양식적
인 특징, 기법, 형식 등이 일
반 불화와 유사하지만 큰 화면
을 빈틈없이 채운 권속(眷屬)
은 조그맣게 묘사하여 주존불
을 단독불처럼 보이게 하는 괘
불탱 특유의 효과를 나타내기
도 한다. 특히 17~18세기 괘
불탱의 채색법은 적색과 녹색
위주에 황·청·백·흑색을
뛰어나게 배합한 색조화가 불
토(佛土) 혹은 법회의 신비로
운 분위기를 표현하는 데 큰
역할을 했으며, 고도로 발전된

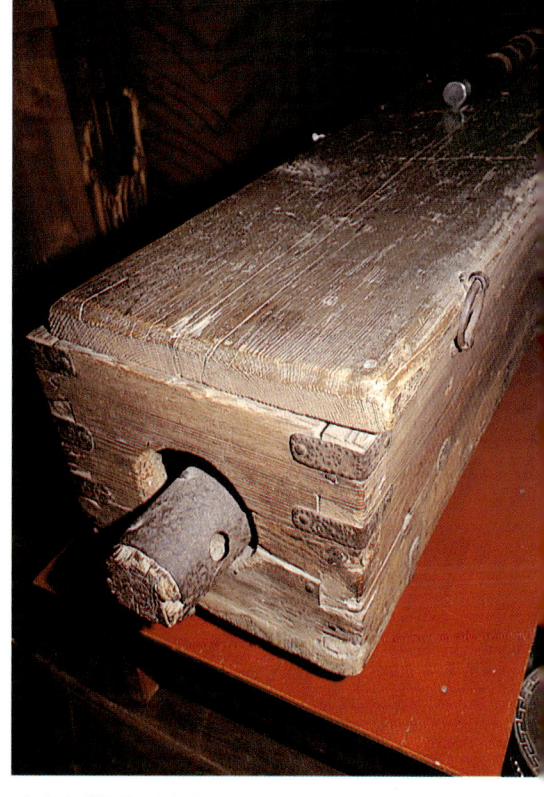

수덕사 괘불함 괘불탱은 일반 탱화보다 보존
과 보안 유지가 잘 되어 연대가 올라가는 괘불
탱이 잘 남아 있다.

문양과 영락(瓔珞) 장식이 어우러진 현란함과 화려함은 예배자를 숭고
한 종교적 정신세계에 빠져들게 한다.

수덕사 노사나불 괘불탱

세로 10.59미터, 가로 7.27미터의 이 괘불탱은 응열(應悅), 옥준(玉
俊), 학전(學全), 석능(釋能) 등 4명의 승려 화원(畵員)이 그렸다. 이
들은 인근에 위치한 충청남도 신원사 노사나불 괘불탱(1644년, 국보 제
299호)도 제작했기 때문에 도상이 같지만, 수덕사 괘불탱에는 보다 많
은 청문중이 등장하며 부분적인 채색의 변화가 있다. 보살 형태의 주존

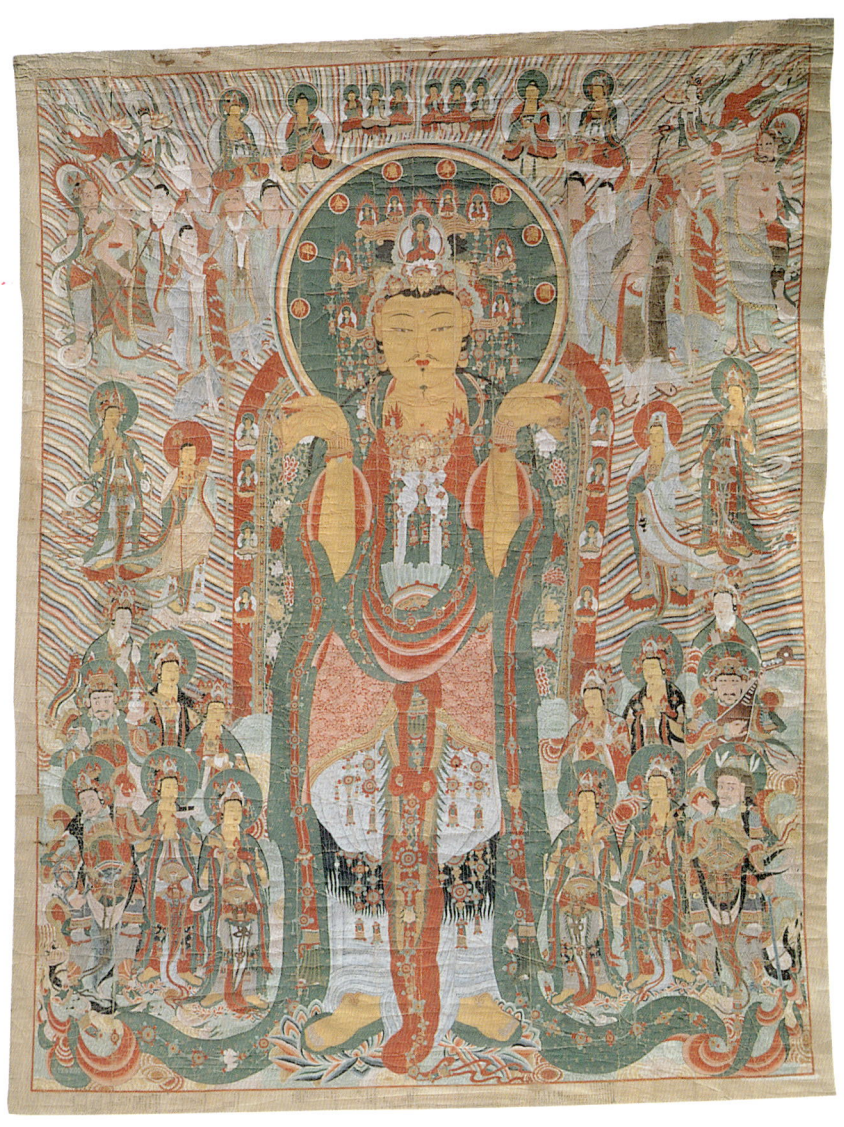

수덕사 노사나불 괘불탱　1673년(현종 14) 작. 세로 10.59미터, 가로 7.27미터. 삼베 바탕에 채색. 보물 제1263호.

불에 '원만보신노사나불(圓滿報身盧舍那佛)'의 존명(尊名)이 있으며 1767·1780·1801·1888년에 보수했다.

정면으로 서 있는 노사나불을 중심으로 십이대보살(十二大菩薩), 십대제자(十大弟子), 범천과 제석천, 사천왕, 화불, 비천 등이 좌우대칭으로 에워싼 구도이다. 지권인(智拳印)의 화불을 포함하여 9구의 화불이 장엄하는 보관을 쓴 노사나불은, 강조된 두 손을 어깨 높이로 올린 설법인(說法印)의 손 모양을 하고 있다. 좁은 어깨의 노사나불은 육중한 보관, 목걸이, 문양과 영락으로 장식된 천의(天衣), 신광(身光)의 8구의 화불과 모란문으로 화려함이 돋보인다.

십이대보살 가운데 여의(如意, 설법할 때나 법회 등의 의식에서 법사가 소지하는 도구)를 든 문수(文殊)보살과 경책(經冊)을 얹은 연꽃을 든 보현(普賢)보살, 붉은 해를 든 일광(日光)보살과 흰 달을 든 월광(月光)보살, 정병(淨瓶)을 들고 흰 너울을 쓴 관음(觀音)보살 및 보주(寶珠)를 들고 석장(錫杖)을 짚은 지장(地藏)보살이 보인다. 관음·지장보살은 드물게 적색의 두광(頭光)을 하였고, 일광·월광보살과 범천과 제석천은 투명한 흑사(黑絲)의 두광, 가섭·아난존자는 투명한 두광, 그 밖의 녹색 두광 등의 표현이 특이하다. 합장한 범천과 제석천은 둥근 목 깃의 복장을 했으며, 샌들을 신거나 석장 또는 부채를 든 십대제자는 얼굴 표정과 자세, 승복의 색상 등이 자유롭다.

노사나불의 두광 위로 2구의 불상 및 보살상, 6구의 다방불, 비친싱 등이 법회의 분위기를 화려하게 이끌고 있다. 하단부에는 사천왕(四天王)이 배치되었는데, 북방 다문천왕(多聞天王)은 비파(琵琶)를, 동방 지국천왕(持國天王)은 칼을 들고 있고, 남방 증장천왕(增長天王)은 여의주(如意珠)와 용(龍)을, 서방 광목천왕(廣目天王)은 보탑(寶塔)과 당(幢)을 들고 있다.

노사나불이 오색 방광(放光)을 배경으로 등장한 화면은 신비스럽다.

적색과 녹색 위주로 백·황·감색 등 부드럽고 밝은 색상이 사용되었으며 옷 문양과 영락 장식은 금채(金彩)하였다.

화기(畫記)는 하단부에 적색의 네모난 화기난을 따로 만들어 그 안에 먹(墨)으로 적고 있다. 첫머리에 제작 연대, 괘불탱의 명칭, 지역명, 절 이름, 시주자들의 이름이 나열되어 있다. 수많은 시주자 명단에서 불교의 대중화를 확인할 수 있으며, 괘불탱 조성 비용을 분담한 시주 물품 목록은 당시의 사원 경제 상황을 알려 주는 자료로 주목된다. 이어서 이 불사에 참가한 승려들의 이름과 직명(職名)을 열거한 본사질(本寺秩), 이 불화를 그린 화사(畫師)들이 기록된 화원질(畫員秩)이 있다. 이 화기는 일반 불화에도 공통되는 내용으로 중요한 전문 용어 풀이는 대부분 용상방(龍象榜)을 따랐다.

용상방이란 큰 불사가 있을 때, 각자의 맡은 바 책임을 정하여 행사가 끝날 때까지 모든 사람이 잘 볼 수 있는 곳에 붙이는 방(榜)이다.

다음은 용상방에서 주로 사용하는 불교 전문 용어이다.

주지(住持) ─ 한 사찰을 책임지고 주관하는 승려.

비구(比丘) ─ 승려.

화주(化主) ─ 불화 제작 비용을 구하는 일로, 주로 사찰의 주지가 담당한다.

증명(證明) ─ 불화가 경전이나 교리에 합당한지 확인하고 감독한다.

지전(持殿) ─ 불전의 청결 및 향 등을 관리하는 소임.

별좌(別座) ─ 선원에서 대중의 침구, 좌구(坐具), 음식을 마련한다.

공양주(供養主) ─ 대중이 먹을 밥을 짓는다.

시주(施主) ─ 바탕 시주, 채색 시주 등 속인(俗人)과 승려가 불화의 제작
　　　　　비용을 담당한다.

바탕 시주 ─ 바탕 시주란 비단, 삼베, 모시, 종이 등의 비용을 낸 사람이
　　　　　다. 그림의 밑바탕 재료인 바탕은 한자로 파탕(波湯), 기포

(基布), 포(布) 등으로 표기한다.

채색 시주—적색, 녹색, 청색, 황색 등 채색 물감의 비용을 댄다. 이 가
운데 황금과 적색인 석간주 등의 안료가 가장 귀하다.

원경(圓鏡)—괘불탱의 상단부를 장식하는 둥근 거울이다.

보연(步蓮)—가마.

식염(食鹽)과 말장(末醬)—소금과 장.

다음은 수덕사 노사나불 괘불탱의 화기 가운데 일부분이다.

康熙十二年癸丑孟夏德崇山修 강희십이년계축맹하덕숭산수
德寺靈山掛佛幀畵成一軸 덕사영산괘불탱화성일축
波湯兼供養大施主 崔奧立兩主 파탕겸공양대시주 최오립양주
供養兼波湯大施主比丘敬信保體 공양겸파탕대시주비구경신보체
供養大施主 朴氏口今保體 공양대시주 박씨口금보체
朱紅大施主 朴山梅兩主保體 주홍대시주 박산매양주보체
黃金大施主 崔迋元兩主保體 황금대시주 최우원양주보체
供養大施主 黃巳生兩主保體 공양대시주 황사생양주보체
布施施主 朴風伊兩主 포시시주 박풍이양주 등 12명
圓鏡施主 尹時衡兩主 원경시주 윤시형양주 등 3명
食鹽施主 金先伊兩主 식염시주 김선이양주 등 2명
末醬施主 金保仁兩主 말장시주 김보인양주 등 2명
眞珠施主 李應連兩主 진주시주 이응연양주 등 2명
步蓮施主 崔氏于音德靈駕 보연시주 최씨우음덕영가
供養施主 湖峻比丘 공양시주 호준비구 등 7명

本寺秩 본사질

大德靈敏比丘 대덕영민비구
住持懶雲比丘 주지나운비구
大德天然比丘 대덕천연비구
大德宗一比丘 대덕종일비구 등 42명

證明兼持殿碩德印正比丘 증명겸지전석덕인정비구
引勸施主德處能比丘 인권시주덕처능비구
引觀施主大德印英比丘 인권시주대덕인영비구

畵員秩 화원질
山人應悅比丘 산인응열비구
　　玉俊比丘　　옥준비구
　　學全比丘　　학전비구
　　釋能比丘　　석능비구
本寺徐何祿 본사서하록
治近朴愛堂 치근박애당
供養主太心比丘 공양주태심비구
　　三律比丘　　　삼율비구
副化主兼來往性覺比丘 부화주겸래왕성각비구
　　別座妙和比丘　　별좌묘화비구
大化士幹善道人玄認比丘 대화사간선도인현인비구
　　時淵保體　　　　시연보체

（ㅁ는 읽을 수 없는 글자）

후불탱화

조선시대 불교 회화의 특징 가운데 새롭게 대두된 현상으로 마음대
로 이동할 수 있는 탱화의 유행을 들 수 있다. 고려시대 사원 불화의

큰 흐름은 벽화인 반면, 조선시대 대부분의 사찰에서는 상·중·하단의 삼단탱화(三壇幀畵)를 설치하여 사원을 장엄했으므로 거는 그림인 탱화가 일반화된 불화의 개념으로 받아들여진 것이다. 또한 전각(殿閣)의 명칭이 확정된 조선시대부터 한 전각에 삼세불탱화나 삼단탱화를 모두 봉안하는 것은 탱화가 이동하기 쉽기 때문이며, 따라서 탱화는 복합적인 조선시대 불교 신앙의 한 면을 입증하고 있다.

후불탱화란 법당의 본존불상(本尊佛像) 뒤에 거는 족자형 불화로, 조선시대 사원 장엄의 핵심적인 역할을 담당하였다. 이러한 후불탱화는 사찰의 주불전(主佛殿)에 봉안된다.

내웅전 삼세불회 후불탱화

1908년에 금호당(錦湖堂), 약효(若效), 목우(牧雨) 등의 금어(金魚)

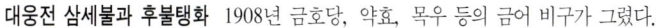

대웅전 삼세불과 후불탱화 1908년 금호당, 약효, 목우 등의 금어 비구가 그렸다.

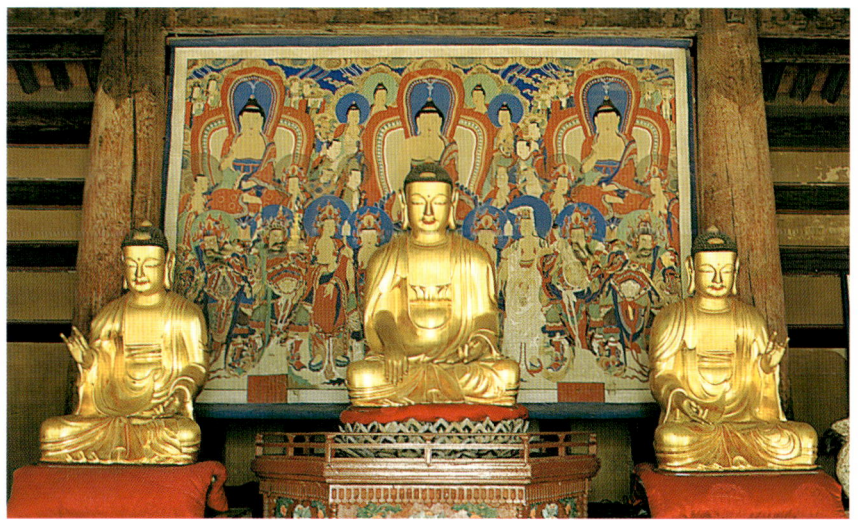

비구가 그렸다.

조선시대 사찰의 대웅전에는 흔히 영산회·약사회·아미타회의 삼세불회(三世佛會)가 세 폭에 그려져 함께 봉안되거나 한 폭에 모두 나타나기도 한다. 이는 과거·현재·미래의 삼세불에서 유래된 것으로, 조선시대에 종파(宗派)의 통폐합으로 인한 삼세불회 형식으로 추정된다. 곧 대웅전의 석가모니불상 좌우로 약사불상과 아미타불상이 배치될 때인데, 동시에 후불탱화에도 영산회·약사회·아미타회인 삼세불회가 모셔진다. 이러한 삼세불회 탱화는 15세기에 대두되어 17세기부터 크게 성행하였다.

앞의 불상을 보조하는 장엄적이고도 설명적인 삼불회 후불탱화(三佛會後佛幀畵)는 직사각형 모양의 액자형 화면 중앙에 석가모니불 좌우로 약사불과 아미타불이 배치된 삼세불회 탱화이다.

항마촉지인의 석가모니불좌상 양쪽으로 문수·보현보살 등 사대보살과 십대제자가 둘러선 영산회를 묘사하고, 약사불좌상의 좌우로는 일광·월광보살이 시립한 약사회를, 아미타불좌상의 좌우로는 관음·지장보살이 배열된 아미타회를 표현하였다. 하단부 양쪽에 위치한 사천왕, 상단부의 천중(天衆) 등, 조그맣게 묘사된 수많은 청문중이 강조된 삼세불을 에워싼 군도식 구도이다.

이 삼세불회 가운데 영산회가 중심이기 때문에 법화 신앙의 복합성을 암시하며, 아미타불이나 약사불은 죽은 후에 극락왕생과 살아서는 무병장수를 보장하는 것으로 석가모니불 신앙을 보완하는 역할을 했던 것 같다. 그러나 이 20세기 삼세불회 후불탱화는 경직된 형태와 필선 및 화공품 안료를 남용한 채색에서 탱화의 질적인 타락을 볼 수 있다.

대웅전 벽화 모사도

1308년에 지은 대웅전 내부에 그려져 있던 고려 및 조선시대의 벽화

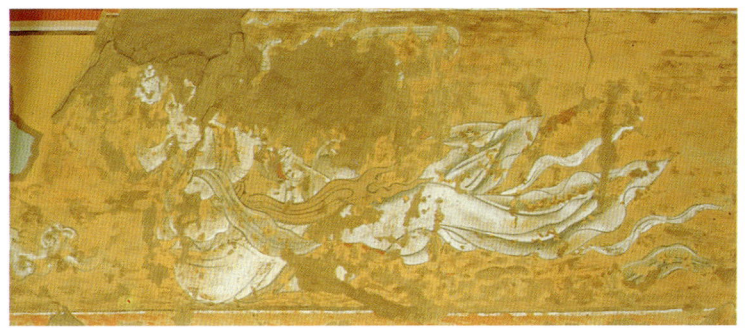

주악비천도(벽화 모사도) 장구를 치거나 피리를 불며 날고 있는 모습으로 우아하며 경쾌
하여 생동감을 불러일으킨다. 국립중앙박물관 소장.

의 모사도이다. 1937년에 대웅전 건물을 수리할 때 발견된 벽화들은
한국전쟁으로 파괴되고 현재는 당시 임천(林泉)이 그린 모사도의 일부
가 국립중앙박물관에 보관되어 있다.

40점의 모사도와 대웅전의 수리 공사 감독이었던 오가와 게이기찌
씨가 촬영한 18점의 벽화 사진을 참조한다면 이 벽화들은 법당의 중앙
벽에 그려진 후불벽화가 아니고 건물의 결구(結構) 사이에 생긴 작은
공간을 이용한 소규모의 벽화들로, 불상과 주악비천(奏樂飛天), 공양
화(供養花), 나한(羅漢), 극락조 등이 그려진 장엄용 벽화들이다. 황토
칠로 마감한 벽면에 그려진 벽화는 대부분 박락(剝落, 발라 놓은 칠이
벗겨짐)이 심하지만 형태, 필치, 채색 등은 대체로 알 수 있다.

이 가운데 주악비천은 장구를 치거나 피리를 불며 날고 있는 모습으
로 풍만한 얼굴, 이목구비와 손의 섬세한 묘사, 유연한 자태 그리고 펄
럭이는 천의의 모습 등이 우아하면서도 경쾌하여 생동감을 불러일으킨
다. 또한 동·서 벽면의 고주중방(高柱中枋) 윗벽의 사실적인 공양화
그림은 여러 형태와 색깔의 연꽃을 비롯한 야생초를 도자기 수반에 반

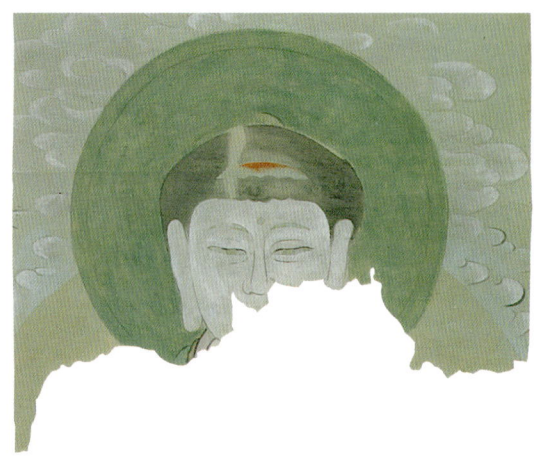

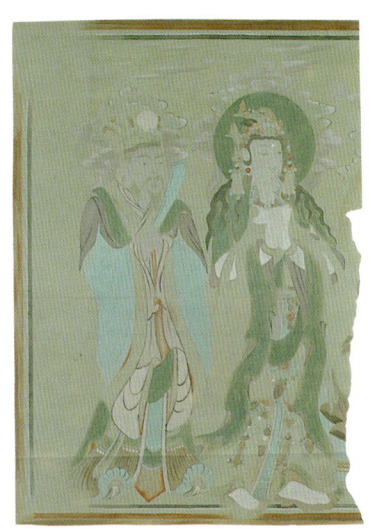
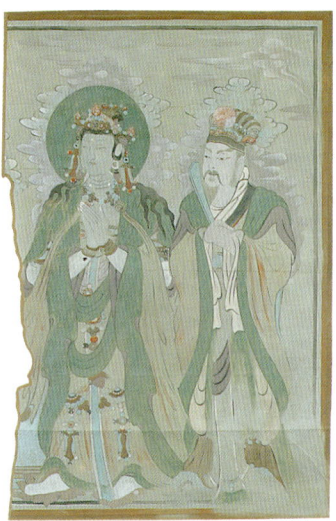

존상도(벽화 모사도) 주존불을 중심으로 합장한 협시보살 좌우로 각기 해와 달의 상징이 있는 원유관을 쓰고 홀을 든 필성이 한 명씩 묘사된 것으로 미루어 칠성도로 추정된다. 국립중앙박물관 소장.

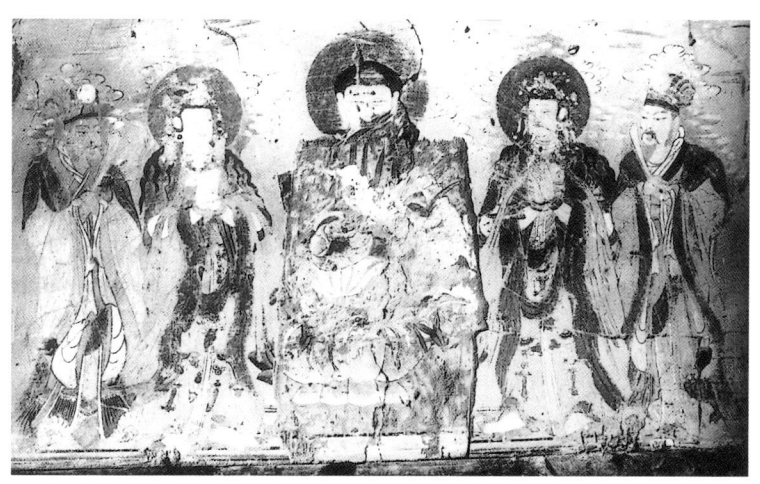

존상도(사진) 고려시대 벽화 위에 덧칠하여 그려졌다. 조선시대 작. 사진 출처:『오가와 게이기찌 조사 문화재 자료』.

원형으로 가득 채우고 이 둘레를 긴 잎으로 장식했다.

벽화의 바탕이 된 벽체는 수리한 흔적이 없어서 1308년에 그려진 것으로 추정되나 단청 개칠(改漆) 때인 조선시대에 그려진 존상도(尊像圖)는 칠이 벗겨진 그림 아래로 긁어내지 않았던 공양화가 드러난 것으로 미루어, 고려시대 벽화 위로 덧칠한 것을 발견할 수 있다.

섬세한 구성의 사실적인 묘사에 파스텔톤의 가볍고 부드러우며 밝은 채색법이 뛰어난 공양화, 능숙한 필치의 정교한 표현이 돋보이는 비천도, 자료가 귀한 조선시대 존상도 등의 모사도 및 사진은 고려·조선시대 사원 벽화의 우수한 면을 단적으로 보여 주고 있다.

경상북도 부석사 조사당 벽화를 제외하고 고려시대 벽화가 남아 있지 않은 지금, 이 수덕사 대웅전 벽화는 비록 종이에 그려진 모사도이긴 하지만 고려시대 사원 벽화의 양상을 단편적으로나마 알려 준다. 참고로 지금까지 남아 있는 고려 말에서 조선 초의 벽화는 다음과 같다.

소장처	전각	명칭	시대	크기 (세로×가로, 센티미터)	비고
충남 수덕사	대웅전	대웅전 벽화	고려 말 (14세기)		40점 주악비천, 공양화 나한, 극락조 등 *현재 남아 있는 모사도는 일제강점기 때 임천이 종이에 옮겨 그린 것이다.
경북 부석사	조사당	조사당 벽화	고려 말 (14세기)	212×71(각)	6면 범천, 제석천, 사천왕
경북 봉정사	대웅전	영산회 후불벽화	조선 초 (1428년경)	380×387.5	
전남 무위사	극락전	아미타극락회 후불벽화	조선 초 (1476년)	270×210	

불상

대웅전 삼세불좌상

1938년 만공선사가 남원 귀정사(歸政寺)에서 옮겨 왔다고 전하며 대
웅전 중앙벽 앞에 봉안되어 있다. 석가모니불 좌우로 약사불과 아미타
불의 삼세불좌상(三世佛坐像)이 있고 그 양쪽에 협시보살상이 서 있다.
  이와 같은 삼불상은 무병장수를 염원하는 시대적 조류를 반영하여
특히 조선 후기에 많이 조성되었다.

향운각 석조관음보살입상

정혜사로 오르는 길에 위치한 향운각(香雲閣) 앞에 서 있는 이 석조

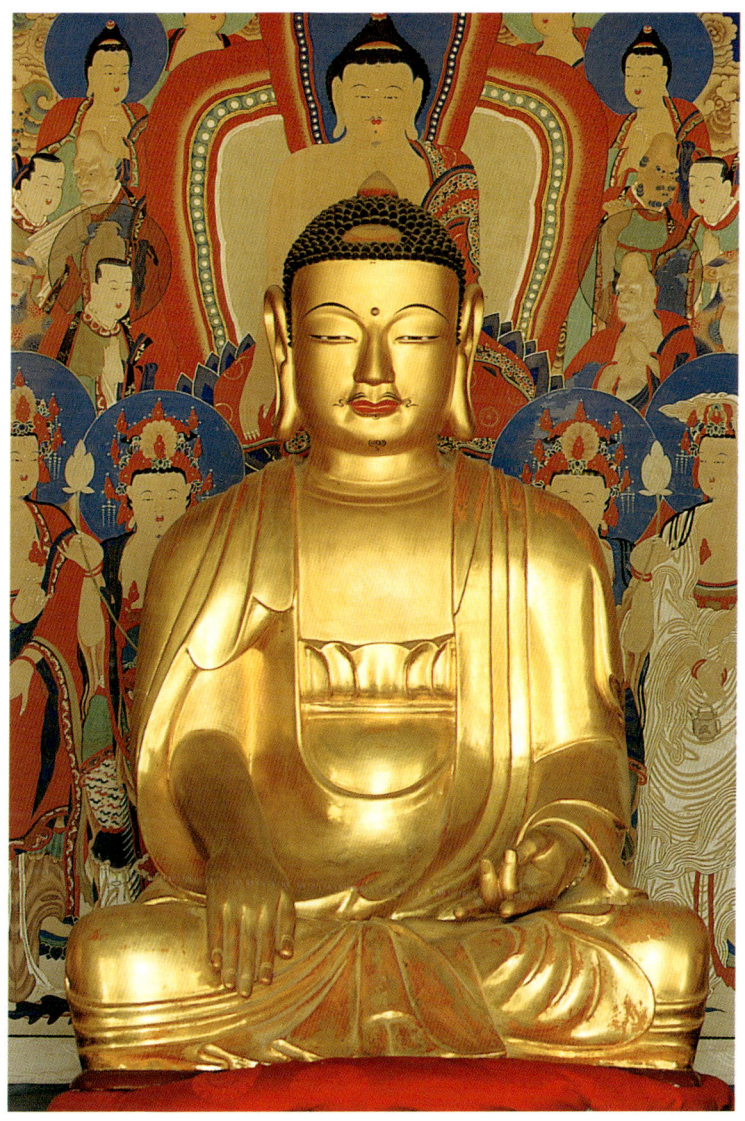

대웅전 본존불 대웅전 중앙벽 앞에 봉안되어 있으며 1938년 만공선사가 남원 귀정사에서 옮겨 왔다고 전한다.

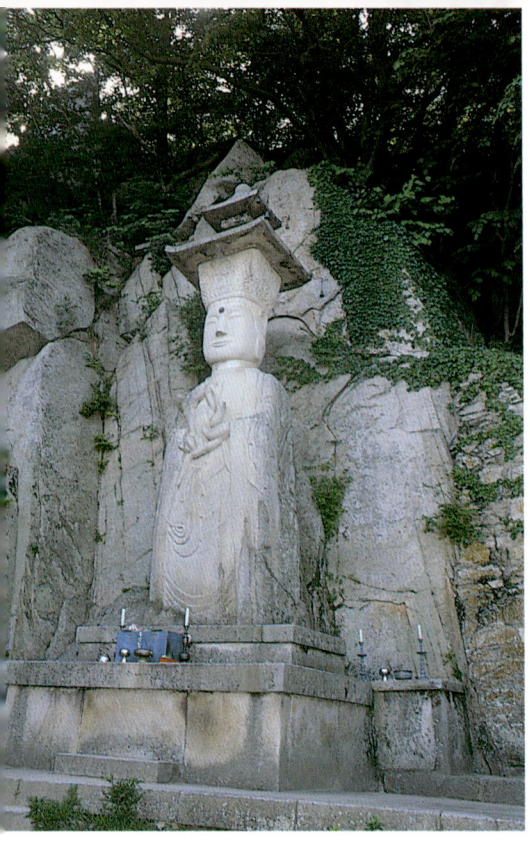

관음보살입상(石造觀音菩薩立像)은 1924년에 만공선사가 발원(發願)하여 조성한 것으로, 높이가 약 8미터나 되는 거대한 보살상이다. 자연 암벽을 깎아 조성한 환조(丸彫)의 관음보살입상은 화불이 있는 보관 위로, 이중의 보개(寶蓋)를 얹었다. 편평한 신체에 선각화(線刻化)된 옷주름을 새겼고 정병을 받든 손과 얼굴은 비교적 정교하다.

석조관음보살입상 1924년 만공선사가 발원하여 조성하였다. 높이 8미터.

불구

사찰에서 전통적으로 사용되는 불구(佛具) 가운데에는 소리를 내어 의식의 장엄한 분위기를 살리는 의식 법구(儀式法具)가 있다. 곧 사찰의 사보(四寶) 또는 사물(四物)인 범종·법고·목어·운판은 범종각이나 법고각에 봉안되는데, 법고는 축생의 무리를 향하여, 운판은 하늘을 나는 생명을 향하여, 목어는 수중의 생명에게 소리를 보낸다는 상징적 의미를 갖고 있다. 이들은 모두 소리를 통해 부처님의 진리를 중생에게 전하여 해탈성불(解脫成佛)을 염원하는 데에 의미를 두고 있다. 아침·저녁 예불 때 법고, 목어, 운판, 범종 순서로 치게 된다.

종

절에서 사용하는 종은 흔히 범종(梵鍾)이라고 한다. 범종은 소리로 장엄하고, 시간을 알려 주며, 귀신을 쫓고, 모든 중생을 구제하려는 목적을 갖고 있다.

우리나라의 종 모양은 꼭지에 소리를 도와 주는 음통(音筒)과 용뉴(龍鈕)를 달았으며 종신부(鍾身部)는 물독을 거꾸로 세운 모양인데, 위에는 연꽃무늬를 새기고, 아래에는 연속된 보상화문(寶相花紋)의 띠를 두르고 있다. 어깨에는 네 곳에 유곽(乳廓)을 만들어 그 안에 아홉 개의 유두(乳頭)를 달았다. 종신부 중간쯤에는 양쪽으로 대칭되게 악기를 연주하는 주악비천상과 종을 치는 당좌(撞座)를 마련했다. 맨 아래쪽의 테두리에는 보상화문의 띠를 둘렀다. 이는 신라 범종의 전형적인 형태로, 종의 재료는 동종(銅鍾)이 대부분이다.

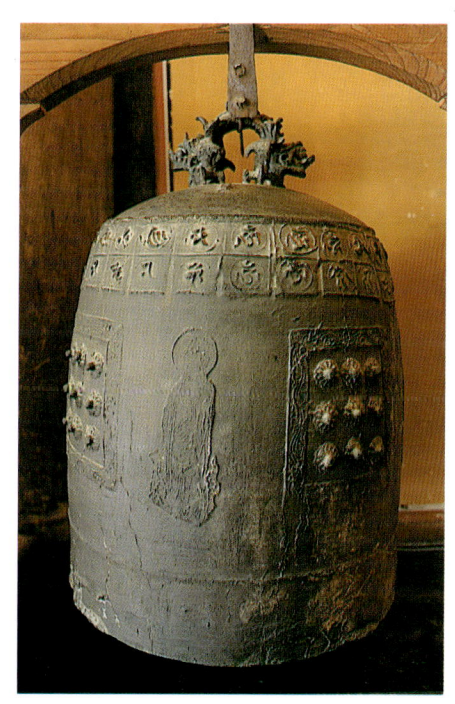

대웅전 동종

이 동종은 법당 안에 걸어 두고 일반 의식 때 사용하는 것으로 입지

대웅전 동종 법당 안에 걸어 두고 일반 의식 때 사용하는 아담한 종이다. 입지름 47.6센티미터, 높이 66.2센티미터, 두께 4센티미터.

름 47.6센티미터, 높이 66.2센티미터, 두께 4센티미터의 아담한 소종이다.

쌍용뉴(雙龍鈕) 아래의 종신은 벌어지며 내려오다 종복(鍾腹)부터는 구연부(口緣部)를 향하여 수직으로 떨어지는 선형(線形)을 취하고 있다. 종신의 상대(上帶)는 2단으로 된 범자대문(梵字帶文)이 둘러져 있다. 종복에는 네 곳에 유곽을 만들어 그 안에 아홉 개의 유두를 달았으며, 유곽과 교대로 4구(軀)의 보살입상이 배치되었다.

주술적 상징의 표현인 범자문과 종복에 위치한 정사각형 유곽의 형태, 원형으로 도안화된 화문(花紋) 안에 낮은 반구형(半球形) 돌기를 표출시킨 유두, 그리고 보다 간결한 선으로 묘사하고 있는 보살상 등으로 미루어 18세기에 만들어진 것으로 추정된다.

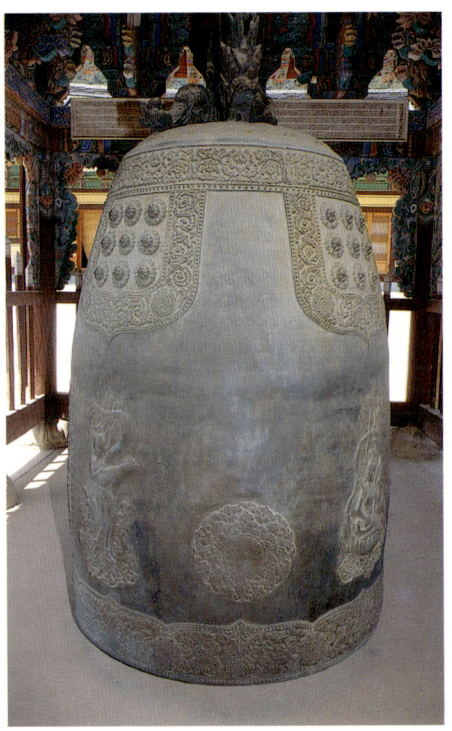

범종각 범종

수덕사의 범종각은 1973년에 건립되었다.

범종 역시 1973년에 제작되었는데, 무게 6500근, 높이 2.7미터,

수덕사 범종 높이 2.7미터, 둘레 4.5미터의 청동제 대종으로 전통 범종 주조 기법을 따라 조성하였다.

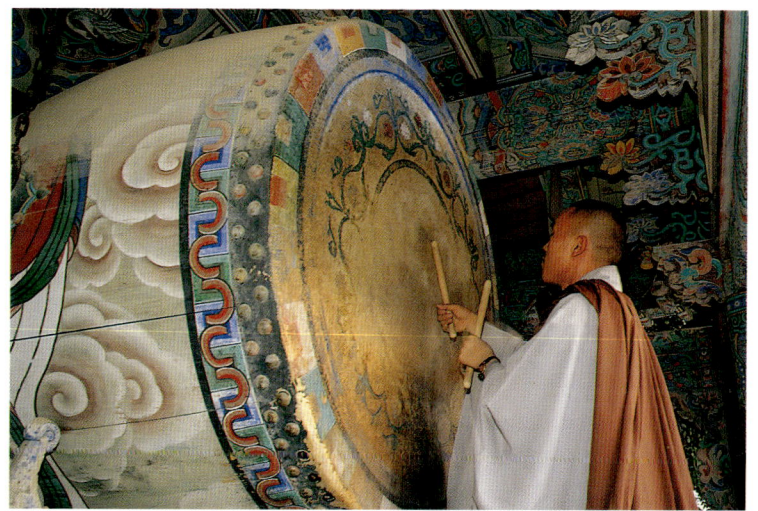

법고 축생들을 고통에서 벗어나 기쁨을 느끼게 하며 수행정진을 독려하는 법구이다.

둘레 4.5미터의 청동제 대종이다. 지금 남아 있는 최대 종인 성덕대왕
신종(聖德大王神鍾, 봉덕사종(奉德寺鍾) 또는 에밀레종이라고도 하며 현
재 국립경주박물관에 전시되어 있다)의 소리를 재현하고자 전통 범종 주
조 기법에 따라 조성된 것이다. 세부 묘사에서 차이가 있으나 종의 형
태와 달아매는 고리인 용뉴, 음통, 주악비천상과 당좌의 위치 등에서
앞서 언급한 신라 범종의 특징을 모방하고 있다.

법고각 법고 · 목어 · 운판

법고각에는 법고 · 목어 · 운판을 함께 두고 있다.

법고인 북은 종과 함께 가장 귀중한 성물(聖物)로, 법당 앞에 종루
(鍾樓)와 고루(鼓樓)가 좌우로 배치되거나 전각을 따로 세울 수 없는
경우에는 종과 북을 같이 봉안한다. 북소리는 축생들에게 고통에서 벗

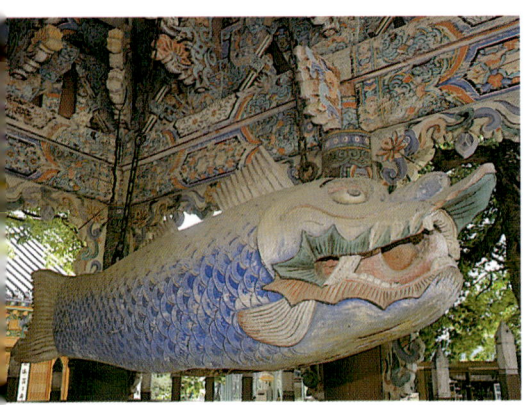

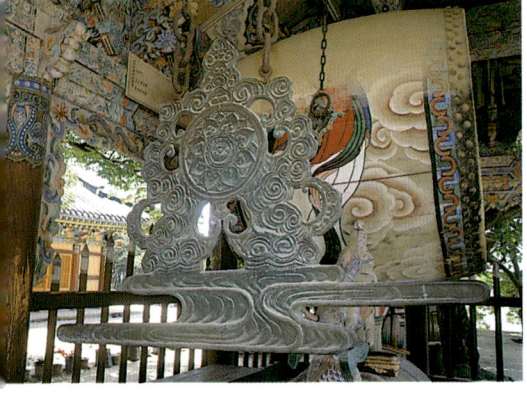

사물 가운데 **목어**(위)**와 운판**(아래)

어나 기쁨을 느끼게 하는 동시에 번뇌와 망상, 집착과 오욕을 없애기 위한 법구로 수행정진을 독려하기도 한다.

법고란 나무로 된 둥근 몸체에 가죽을 입히고 여러 가지 문양으로 장식한 큰 북을 일컫는다. 이를 받치는 나무 대좌(臺座)는 별도로 제작된 것으로, 사자·거북·용이 합성된 상상의 동물은 네 발로 땅을 딛은 사자의 다리와 꼬리, 거북의 등, 고개를 옆으로 돌려 포효(咆哮)하는 듯한 용의 머리를 지닌 해학적인 형태로 화려하게 채색되었다. 등에는 원통형의 기둥을 세우고 연꽃받침을 조각하여 북을 올려 놓도록 구성하였다.

목어는 걸어 놓고 아침·저녁 예불 때 치는 법구로, 나무를 물고기 모양으로 만들고 안을 비워서 두드리면 소리가 나도록 만든 것이다. 목어는 물고기가 항상 눈을 뜨고 있는 것처럼, 수행하는 사람도 자는 것을 잊고 항상 정진에 힘쓰라는 뜻으로 만들었다고 한다.

주로 청동제나 철제 금속판(金屬板)인 운판은 허공을 헤매는 중생들의 고통을 덜어 주는 법구로 알려져 있어서 구름 모양으로 만들었다고 한다. 이 법고각의 운판은 위아래 2단으로 구분되어, 윗단에는 연판(蓮瓣)을 새긴 원형의 당좌를 에워싼 뭉게구름을, 이를 받치는 받침대 역할을 하는 아랫단의 구름은 좌우로 퍼지는 모양으로 아름답게 문양화하였다.

석탑

일반적으로 탑이라 부르는 불교 건축은 범어(梵語)로 스투파(Stūpa)라고 하며, 원래 부처님이나 고승들의 신골(身骨)인 사리(舍利, Sarira)를 넣는 무덤이다. 사리 신앙이 성행함에 따라 탑은 무덤의 성격과 기념물적인 성격을 동시에 지닌 숭배 대상이 되었다. 더욱이 이러한 탑을 조성하면 무한한 공덕을 쌓을 수 있다는 공덕 사상과 탑을 도는 수행을 해도 깨달음에 도달할 수 있다는 대승 수도 사상 때문에 유행하게 되었다. 한편 불탑은 넓은 의미에서 부처님의 사리탑뿐만 아니라 고승늘의 사리탑까지도 포함하는데, 고승들의 사리탑은 '승탑(僧塔)' 또는 '부도(浮屠)'라고 하여 구별하기도 한다.

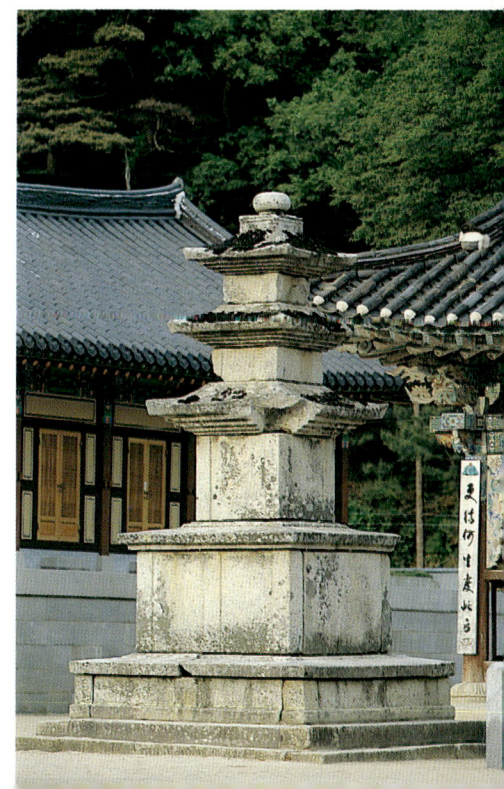

3층석탑 고려시대 석탑으로 신라 석탑의 전형적인 양식을 계승하였다. 높이 4미터, 충청남도 유형문화재 제103호.

3층석탑

조인정사 앞에 위치한 고려시대의 석탑으로 높이 4미터, 충청남도 유형문화재 제103호이다.

이 3층석탑은 신라 석탑의 전형 양식을 계승하여 평면 사각형의 2층 기단(基壇) 위에 3층의 탑신(塔身)을 얹고 있는데, 기단과 탑신은 신라 석탑에 비하여 폭이 좁아져 전체적으로 길쭉한 형태를 취하고 있다.

지붕돌인 옥개(屋蓋)는 두껍고 옥개의 층단받침은 4단이며, 옥신(屋身)에는 귀기둥을 양각하였다. 기단부의 면석(面石)에는 위아래 모두 1개의 탱주(撐柱)와 각 모서리에 2개의 귀기둥을 새겼다.

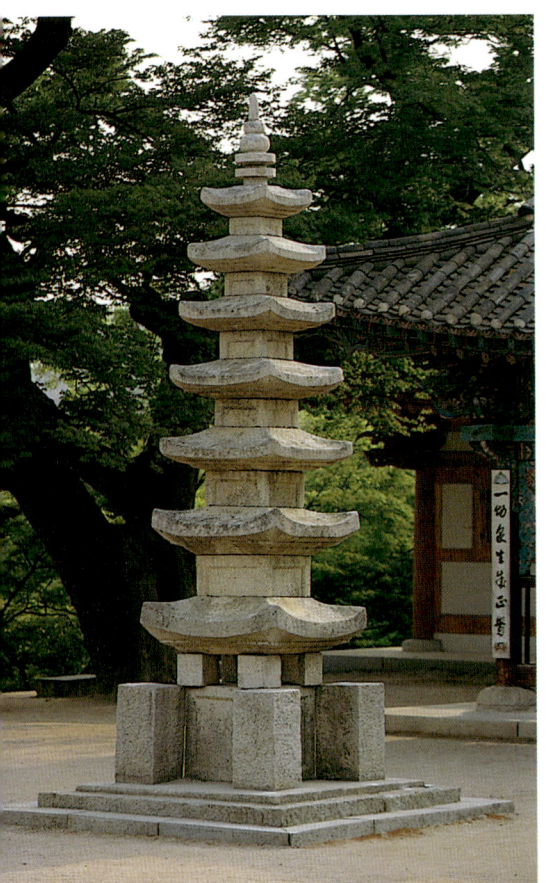

최상층인 3층의 옥개석은 네모반듯한 노반(露盤)과 한 돌로 짜여졌는데, 노반 위에 복발(覆鉢)이 얹혀져 있으며, 이 위로 상륜부(相輪部)가 장식되어 있다.

7층석탑

충청남도 지정문화재자료 제181호인 이 7층석탑은 수덕사 주지였던 만공선사가 1930년에 건립한 것으로 기단과 탑신은 폭이 좁고 층수가 많은 늘씬한 형태로 안정감이 적다.

7층석탑 충청남도 지정문화재자료 181호로, 1930년 만공선사가 건립하였다.

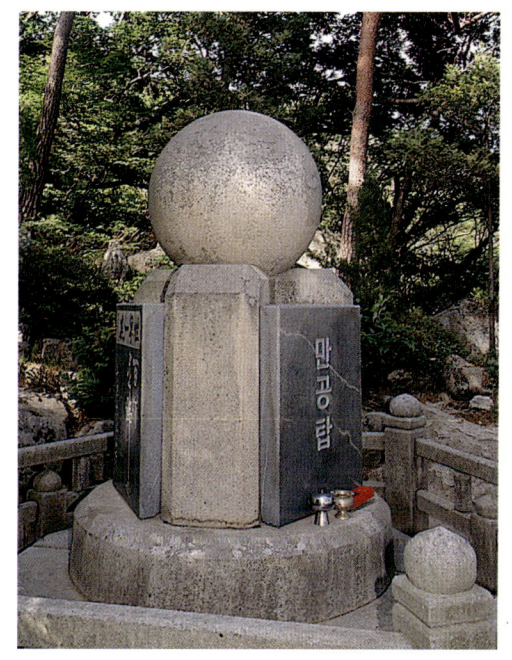

만공탑 1947년 만공선사의 제자인 박중은선사에 의해 만들어진 현대식 부도이다. 상부의 둥근 돌은 만공선사의 사리를, 세 개의 팔각기둥은 불교의 삼보를, 팔각기단은 팔정도를 나타낸다.

만공탑

불교에는 세 가지 성스러운 보배가 있는데, 불(佛, 부처)·법(法, 가르침)·(僧, 스님)의 삼보(三寶)이다.

삼보는 불교도들의 숭배 대상이 되어 부처를 위해서는 탑과 불상을 만들어 예배를 드리고, 가르침에 대해서는 이를 수많은 경전으로 받들어 세상에 유포하며, 스님은 불법을 전도하고 중생을 교화하는 전도자로서 존경의 대상이 되었다.

스님의 묘탑(廟塔)인 부도는 '붓다(Buddha)'를 소리나는 대로 옮겨 적은 음역(音譯)으로, 원래는 부처를 지칭하는 것이었으나 나중에는 승려들까지도 부처님과 같이 존경하여 부도라 일컫게 되고 나아가 승려의 묘탑이 부도로 굳어진 듯하다.

승탑인 부도는 일반적으로 절의 외곽에 따로 탑원(塔苑)을 마련하여 승탑과 탑비를 함께 안치하고 있다.

1947년에 조성된 만공탑은 제자들이 만공선사를 추모하기 위하여 정혜사 아래에 세운 현대식 부도로 둥근 돌을 팔각기둥 셋이 떠받치고 있으며, 이 아래 팔각기단이 둘러져 있다. 상부의 둥근 돌은 만공선사

의 사리를, 세 개의 팔각기둥은 불교의 삼보를, 팔각기단은 팔정도(八
正道)를 나타낸 것이라고 한다.

근역성보관

1999년 4월에 개관한 수덕사박물관은 민족 정신 문화의 모음처라는
의미인 '근역성보관'으로 불린다.

2층 누각 건물인 황하정루 지하에 위치한 근역성보관은 수덕사와 그
말사의 소장품을 수집하여 각 분야별로 나눈 뒤, 시대별로 전시하고 있
다. 또한 경허선사와 만공선사 등 고승 유품을 진열하여 후학에게 그
행적과 사상을 전승하고자 하는 기념관도 함께 마련하고 있다.

이 밖에 일본 아스카사(飛鳥寺) 탑에서 출토된 사리 장치 일괄 유물
(593년) 12건 44점은 복제품으로, 백제 불교의 일본 전래를 잘 보여
주고 있다.

박물관에 소장된 600여 점의 불교 문화재 가운데 대표적인 전시품을
요약하면 다음과 같다.

수덕사 출토 유물

수덕사의 역사를 실제로 확인할 수 있는 수덕사 출토 유물로 기와,
고려자기 및 대웅전 중수 공사 때 나온 부재들이 대웅전을 소개하는 독
립된 공간에 진열되어 있다.

삼국시대에서 조선시대에 걸쳐 제작된 암키와 및 수키와, 고려자기
들은 대웅전 주변에서 출토된 유물들이다. 3점(높이 각 29.5, 29.3, 26
센티미터)의 청자 광구병(廣口甁)은 조질(粗質) 청자로 완형이다. 고려
시대 청자 다기(茶器) 2점(높이와 입지름 각 8×19.5, 8.5×26.5센티미

터) 중 다완(茶玩)은 표면이 산화되었으나 음각의 앵무문(鸚鵡紋)이 새겨진 것으로 미루어 초기 청자로 추정된다. 이 밖에 포부재(包部材)인 보아지, 평굽양갈소로, 평굽주두, 화반, 굽받침네갈소로 및 법당 바닥을 장식했던 전돌이 대웅전의 건립 연대를 말해 준다.

수덕사 및 말사 유물

불화　불화는 주제에 따라 그 내용을 크게 구분하면 부처님 위주로 그린 것, 보살 위주로 그린 것, 신장(神將) 위주로 그린 그림이 있다. 조선시대 탱화는 이러한 내용에 따라 상·중·하단의 삼단(三壇) 탱화로 배치하는 것이 통례였다.

흥주사 아미타후불탱화　1861년 작. 근역성보관 소장.

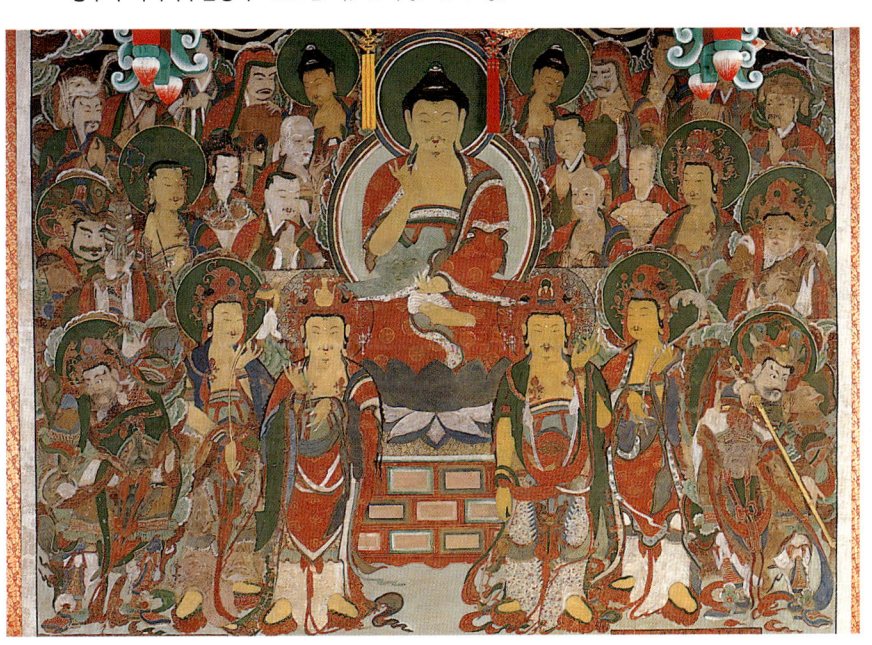

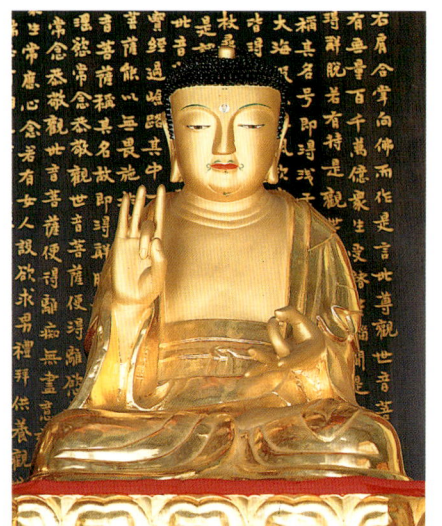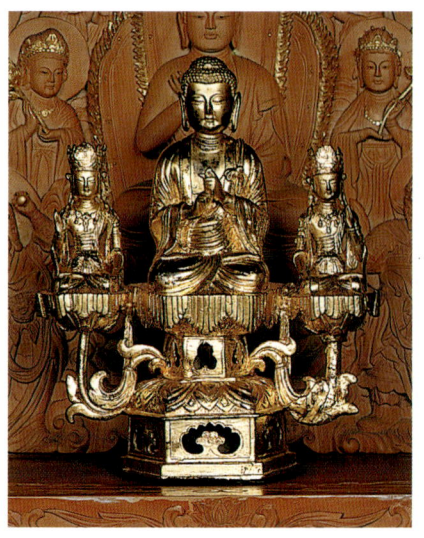

근역성보관 소장 불상 수덕사의 말사인 일락사 철불좌상(왼쪽)과 영탑사 금동비로자나삼존불상(오른쪽). 사진:근역성보관.

근역성보관에는 상단(上壇)에 흥주사 아미타후불탱화(1861년), 중단(中壇)에 문수사 지장시왕도(1774년), 하단(下壇)에 보덕사 칠성탱화(1894년)와 산신탱화(1877년)를 진열하고 있다. 18, 19세기 불화의 채색·문양·필선 등의 변화 과정을 엿볼 수 있다.

불상　고려시대 불상인 영탑사(靈塔寺) 금동비로자나삼존불상(보물 제409호, 높이 51센티미터)과 조선 초기의 일락사(日樂寺) 철불좌상(鐵佛坐像, 문화재자료 제208호, 높이 135센티미터), 조선시대의 개심사(開心寺) 금동불좌상(金銅佛坐像, 높이 20센티미터), 수덕사 석조보살좌상(石造菩薩坐像, 높이 41센티미터), 흥주사(興住寺) 석불좌상(石佛坐像, 높이 40센티미터)이 있다. 이 가운데 영탑사 금동비로자나삼존불상과 일락사 철불좌상은 주목할 만하다.

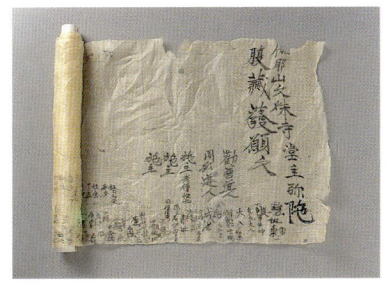
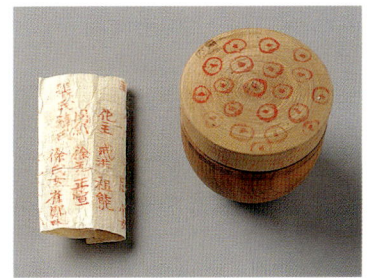
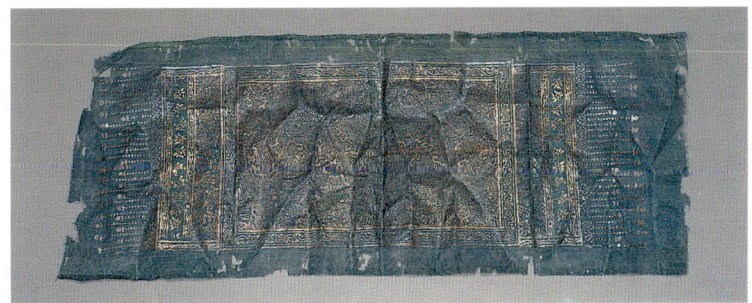

문수사 금동아미타불 복장 유물 일괄 지금까지 조사된 복장 가운데 이른 시기에 속하는 귀한 일괄품으로, 발원문(왼쪽 위), 청색화문포(아래), 단수포의, 단온진언, 연화판다라니부적, 목합(오른쪽 위), 불경 등을 포함하고 있다. 사진:근역성보관.

문수사 금동아미타불 복장 유물 일괄

19종 57점의 불복장(佛腹藏) 유물은 1973년 문수사 극락보전에 모셔졌던 금동아미타불좌상 인에서 발견된 일괄품이다. 현재 금동아미타불좌상은 도난당하여 그 소재를 알 수 없다.

복장(腹藏)이란 불상을 조성하면서 그 안에 봉안하는 여러 가지 유물로 사리와 사리통, 오곡이나 오색실, 불경과 의복, 다라니와 만다라, 복장기와 조성기 등이 포함된다.

1346년에 아미타불상을 조성하였다는 발원문(發願文, 50×290센티미터), 단수포의(短袖抱衣, 길이 111센티미터), 단온진언(斷瘟眞言, 53×

27센티미터), 연화판다라니부적(蓮花板陀羅尼符籍, 37.5×33센티미터), 청색화문포(靑色花紋包, 19×48센티미터), 목합(木盒, 높이 7센티미터, 지름 6.5센티미터), 견사류(絹紗類), 불경 등 지금까지 조사된 복장 가운데 이른 시기에 속하는 귀한 일괄품이다.

당시 불교 신앙의 경향, 사경 미술, 불상 조성의 유래, 발원자들의 신분, 고려시대 복식사 등을 확인할 수 있는 연구 자료로서 의미가 크다.

불구　고려시대에 만들어진 개심사 청동은입사향완(靑銅銀入絲香垸)은 향을 사르는 의식 법구로, 구름문과 길상(吉祥)의 기호인 만(卍)자 등에 은입사 기법을 사용하였다.

조선시대 범종으로 1759년에 제작된 영랑사 동종(높이 76센티미터, 입지름 52센티미터, 문화재자료 제221호), 1760년에 조성된 영탑사 동종(높이 60센티미터, 입지름 46센티미터)은 연대가 뚜렷한 우수한 작품이다.

불경　불경은 원래 불교의 진리를 널리 퍼뜨리기 위한 서사 경전(書寫經典)이었다. 그러나 목판인쇄가 전파되면서 목판본이 애용되었는데, 경문(經文)을 손으로 일일이 쓰기보다는 한 번만 나무판에 새겨 놓으면 언제라도 손쉽게 다량으로 찍어낼 수 있어 매우 편리했기 때문이다.

조선시대의 발전된 목판인쇄술을 살펴볼 수 있는 것으로, 16~17세기에 제작된 개심사 경판고의 22종 409판의 목판경 가운데 33판이 근역성보관에 있다. 홍주사의 조선시대 능엄신주 목판경 외에도, 향천사 금강반야바라밀경(金剛般若波羅密經, 1681년)과 묘법연화경언해(妙法蓮花經諺解, 1805년), 수덕사 대방광불화엄경(大方廣佛華嚴經, 1700년)이 진열되어 있다.

불경은 아니지만 추사 김정희(1786~1856년)의 글씨인 무량수각(無量壽閣)과 시경루(詩境樓)의 편액도 보인다.

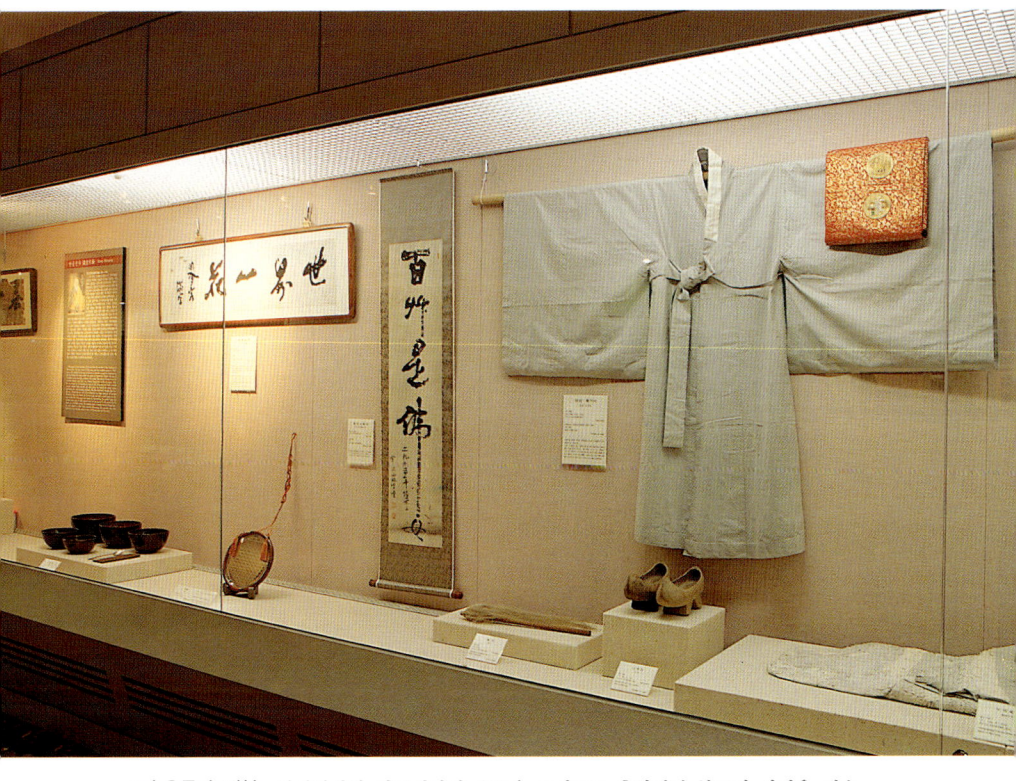

고승유품관 내부 경허선사와 만공선사의 유품을 중심으로 후학에게 불조의 선맥을 계승하고자 하는 데 목적이 있다.

고승유품관

후학에게 불조(佛祖)의 선맥을 계승하고자 건립된 이곳은 경허선사와 만공선사의 유품을 중심으로 전시하고 있다. 이밖에도 혜암, 벽초, 하엽스님의 유물을 통해 고승들의 업적과 사상을 전하고 있다.

● 수덕사 가는 길 ●

　　장항선을 타고 삽교역에 내린 다음 시내버스를 이용하면 수덕사까지 30분이
걸린다. 버스는 서울 남부시외버스터미널에서 수덕사행 직행버스(오전 7시 20
분부터 1일 3회 운행)가 있다.
　　승용차로 갈 때는 경부고속도로 천안 I.C.에서 온양 → 도고 → 예산 → 삽교
를 거쳐 지방도로를 타면 된다.

◆ 덕산도립공원

입장료 : 어른 2,000원, 어린이 1,000원.

주차 시설 및 주차료 : 500대 주차. 주차료는 소형 1,500원, 대형 3,000원.

등산 코스 : 수덕사－정혜사－덕숭산 정상－정혜사－수덕사

　　　　　　　(6킬로미터, 3시간 소요)

　　　　　　　덕산온천－수암산－마애석불－용봉산－용봉초교

　　　　　　　(8.5킬로미터, 4시간 소요)

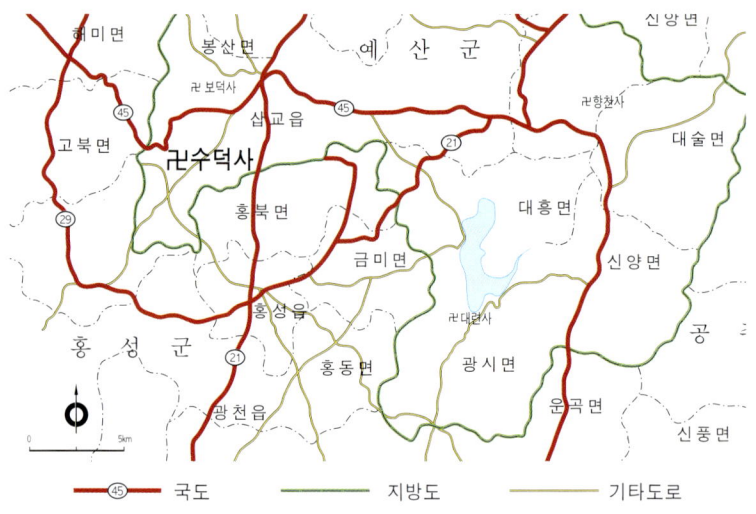

참고 문헌

국립문화재연구소, 『국보 · 보물 축소도면집 I』, 1992.
─────────── , 『오가와 게이기찌 조사 문화재 자료』, 1994.
김동욱, 『한국 건축의 역사』, 기문당, 1997.
김영태, 『백제 고찰 수덕사의 사적 고찰』
대한건축학회 편, 『한국건축사』, 기문당, 1997.
덕산문화원, 『덕산향토지』
도선, 『속고승전』
문명대, 『한국불교미술의 형식』, 한국언론자료간행회, 1997.
박언곤, 『한국건축사 강론』, 문운당, 1998.
불교성보문화연구소, 『덕숭산 수덕사』, 1998.
운허 용하, 『불교사전』
윤장섭, 『한국건축사』, 동명사, 1995.
이행 등, 『신증동국여지승람』
일연, 『삼국유사』
임천, 「수덕사 대웅전의 벽화」, 『미술자료』 제2호, 국립박물관, 1960.
징경호, 『한국의 전통 건축』, 문예출판사, 1992.
중국 이십오사편찬위원회, 『수서』

빛깔있는 책들 103-44

수덕사

글	─고영섭, 윤희상, 유마리
사진	─박보하
발행인	─장세우
발행처	─주식회사 대원사
기획·편집	─김옥자, 박상미, 최명지, 김민정
미술	─위명자, 이은경
총무	─이훈, 이규헌, 강승찬
영업	─김기태, 강승일, 강미영, 이광복, 한은영
이사	─이명훈
첫판 1쇄	─2000년 8월 10일 발행
첫판 2쇄	─2004년 3월 31일 발행

주식회사 대원사
우편번호/140-901
서울 용산구 후암동 358-17
전화번호/(02) 757-6717~9
팩시밀리/(02) 775-8043
등록번호/제 3-191호
http://www.daewonsa.co.kr

ⓦ 값 13,000원

Daewonsa Publishing Co., Ltd.
Printed in Korea(2000)

ISBN 89-369-0240-7 04220

빛깔있는 책들

건강 식품(분류번호 : 202)

105 민간 요법   181 전통 건강 음료

즐거운 생활(분류번호 : 203)

67 다도	68 서예	69 도예	70 동양란 가꾸기	71 분재
72 수석	73 칵테일	74 인테리어 디자인	75 낚시	76 봄가을 한복
77 겨울 한복	78 여름 한복	79 집 꾸미기	80 방과 부엌 꾸미기	81 거실 꾸미기
82 색지 공예	83 신비의 우주	84 실내 원예	85 오디오	114 관상학
115 수상학	134 애견 기르기	138 한국 춘란 가꾸기	139 사진 입문	172 현대 무용 감상법
179 오페라 감상법	192 연극 감상법	193 발레 감상법	205 쪽물들이기	211 뮤지컬 감상법
213 풍경 사진 입문	223 서양 고전음악 감상법		251 와인	

건강 생활(분류번호 : 204)

86 요가	87 볼링	88 골프	89 생활 체조	90 5분 체조
91 기공	92 태극권	133 단전 호흡	162 택견	199 태권도
247 씨름				

한국의 자연(분류번호 : 301)

93 집에서 기르는 야생화	94 약이 되는 야생초	95 약용 식물	96 한국의 동굴
97 한국의 텃새	98 한국의 철새	99 한강	100 한국의 곤충	118 고산 식물
126 한국의 호수	128 민물고기	137 야생 동물	141 북한산	142 지리산
143 한라산	144 설악산	151 한국의 토종개	153 강화도	173 속리산
174 울릉도	175 소나무	182 독도	183 오대산	184 한국의 자생란
186 계룡산	188 쉽게 구할 수 있는 염료 식물	189 한국의 외래 · 귀화 식물	
190 백두산	197 화석	202 월출산	203 해양 생물	206 한국의 버섯
208 한국의 약수	212 주왕산	217 홍도와 흑산도	218 한국의 갯벌	224 한국의 나비
233 동강	234 대나무	238 한국의 샘물	246 백두고원	

미술 일반(분류번호 : 401)

130 한국화 감상법	131 서양화 감상법	146 문자도	148 추상화 감상법	160 중국화 감상법
161 행위 예술 감상법	163 민화 그리기	170 설치 미술 감상법	185 판화 감상법	
191 근대 수묵 채색화 감상법		194 옛 그림 감상법	196 근대 유화 감상법	204 무대 미술 감상법
228 서예 감상법	231 일본화 감상법	242 사군자 감상법		

역사(분류번호 : 501)

252 신문